Aurélienne Dauguet

ÉTABLIR DES LIMITES SAINES

MERANO-VERLAG

Présentation de la couverture:

Un grand merci à Claudia Zanvit pour la photo spéciale sur la couverture du livre : enso2@mac.com

Informations bibliographiques de la Bibliothèque nationale allemande :

La Bibliothèque nationale allemande répertorie cette publication dans la Bibliographie nationale allemande ; des données bibliographiques détaillées sont disponibles sur Internet à l'adresse http://dnb.dnb.de.

Production: BoD - Livres à la demande, Norderstedt

© Mars 2022 - Merano-Verlag, Kipfenberg, Allemagne

Bibliografische Information der Deutschen Nationalbibliothek:

Die Deutsche Nationalbibliothek verzeichnet diese Publikation in der Deutschen Nationalbibliografie; detaillierte bibliografische Daten sind im Internet über http://dnb.dnb.de abrufbar.

Herstellung: BoD - Books on Demand, Norderstedt

ISBN: 978-3-944700-39-7 (Livre de poche)

ISBN: 978-3-944700-79-3 (livre électronique)

Table des matières

L´EXISTANCE EST DÉCLICIEUSE. IL SUFFIT SIMPLEMENT D´AVOIR LE COURAGE DE MENER SA PROPRE VIE .

Peter Rosegger

1. Introduction

Le thème de la démarcation, de la limite, de la délimitation est une préoccupation humaine qui découle du don et de la grâce uniques du libre arbitre. D'autres êtres, comme les animaux et dans une moindre mesure les plantes, sont programmés principalement par l'instinct. Cependant, il est important de reconnaître que les animaux possèdent en partie la capacité de façonner leur propre destin. Eux aussi, et cela est de plus en plus confirmé par des recherches zoologiques, sont confrontés à des décisions et à des enjeux moraux fondamentaux. Eux aussi doivent se réorienter au fur et à mesure de leur vie, à peser le pour et le contre, à établir des priorités et à faire des choix.

Pour les humains, il s'agit de faire usage du sens de discernement et de prendre des décisions. Ainsi, il leur est nécessaire d'avoir d'autant plus d'opportunités pour choisir leurs priorités. C'est ce qui leur fournit une réelle variété de solutions potentielles, de réponses ou de circonstances. Là ; réside la liberté d'accepter, la liberté de prendre, la liberté de choisir, de rejeter ou d'introduire quelque chose de nouveau. La liberté est ainsi stimulée, défiée, élargie et donc exercée et vécue. Particulièrement en ces temps d'expansion de conscience. De plus, il est nécessaire de développer une capacité de différenciation pragmatique, délibérée, juste et sage, dans tous les domaines de la vie où nous rencontrons différentes opportunités de croissance.

Nous explorerons des mécanismes généraux, mais nous aborderons également des sujets spécifiques d'actualité. Comme toujours, nous combinons le contenu quotidien avec notre profonde spiritualité. Nous considérons l´existence humaine comme une interface ou un point d'ancrage entre l'univers et le plan terrestre de manifestation. Peut-être n´est-il pas simple de passer d'un problème privé et mineur à une vision cosmique et à sa portée universelle. Mais c'est précisément ce que nous souhaitons réaliser : nous utilisons le problème ou le sujet quotidien comme tremplin vers une prise de conscience plus large qui est liée à la sagesse et à la conscience, à la connaissance et à l'intelligence ainsi qu'au développement général.

Nous explorons la spiritualité de la vie quotidienne. Très simple et humble, mais nous honorons aussi ce qui est grand et ce qui est généreux en nous. Nous espérons vivement que vous nous resterez fidèle, même si certains thèmes semblent difficiles à suivre à première vue. Au fil du temps, l'image complète se dessine. Après tout, l'énergie des mots stimule le puzzle de la conscience.

2. LE PARADOXE HUMAIN

    a) Tout est unité
    b) Esprit incarné dans le corps
    c) Établir un équilibre entre ouverture et limites
    d) Allusions au langage de la couleur

a) Tout est unité

L'existence humaine forme une unité au sein des polarités. Son essence énergétique et spirituelle provient de la pensée unique ou matrice de base qui crée tout et à partir de laquelle tout a surgit originellement. C'est l'aspect infini et éternel de la puissance universelle, qui imprègne tout, toujours et partout et simultanément. Comme nous en faisons partie, nous sommes connectés à tout. Nous ne faisons qu'un. Pas seulement avec nos semblables, mais avec tout ce qui est vivant, avec tout ce qui est.

b) Esprit incarné dans le corps

Nous sommes d'abord esprit, puis esprit incarné dans le corps physique. La matrice spirituelle génère et entrelace le corps matériel. L'énergie subtile devient matière. Le subtile s'incarne dans le physique. Et nous sommes responsables de cette unité mesurable et délimitée qu'est notre véhicule physique. C'est là que l'aventure commence. Comment réaliser la connexion entre nos aspects polaires au sein de démarcations saines dans la vie quotidienne ? C'est précisément ce que nous voulons considérer ici, sous différents angles.

Nous allons étudier l'esprit incarné dans le monde matériel en mettant l'accent sur la matière jusqu'à la négation des aspects spirituels, subtils et énergétiques. Ceux-ci sont scellés dans l´enceinte de l'église et dans d'autres lieux religieux, peut-être aussi au sein de l'art, parce que les esprits créatifs surmontent souvent les limites de la raison. Au-delà de quoi, on frôle les domaines louches, où l'on aborde des sujets considérés comme effrayants, étranges, indémontrables et peut-être paranormaux. En fait, ils n´existent pas vraiment, murmure l'opinion superficielle.

Le résultat de cette dichotomie embarrassée, qui imprègne la pensée dominante, est la réduction de l'humain à une unité mécaniste, fonctionnelle et désormais contrôlable numériquement.

C'est l'une des raisons pour lesquelles la plupart des gens s'identifient à leur apparence physique. La majorité de l'humanité veut simplement éviter l'inconfort et se livrer au plaisir des sens. Ensuite, il y a les mentalités qui sont rebelles et imprévisibles. Celles-ci sont souvent maintenues sous contrôle jusqu'à inanition. La volonté et l'intellect sont à leur tour affinés et orientés sur la soi-disant réalité. Plus précisément, sur le consensus, auquel nous devrions tous nous mettre d'accord. Ceci est assuré par les parents et divers établissements d'enseignement, des jardins d'enfants aux plus hautes autorités de recherche, en passant par les universités et le cheminement de carrière prévisible. Tout doit rester dans LE cadre donné.

Mais les réactions spontanées sont profuses. Celles-ci apparaissent dans les crises de vie, en médecine, en physique, chez les enfants des nouvelles générations qui exercent leurs talents et leurs dons extraordinaires dans ce monde supposé prévisible. Cependant, l'intérêt, l'expérience et la curiosité se concentrent de plus en plus vers des sujets tabous, exclus, inexistants voire interdits. Le spectre de la conscience s'élargit. Les gens veulent savoir et soupçonnent probablement que quelque chose de fascinant se cache derrière le rideau de la réalité.

Nous découvrons qu'il n'y a pas de limites car l'univers est en constante expansion. Où voulons-nous nous démarquer, s'il n'y a pas de limites ? Nous voulons nous ouvrir, mais on va nous attraper rapidement et nous rappeler que cela pourrait être dangereux, que c'est le mauvais chemin, la version non officielle, que « l'on n'y croit pas de toute façon ». La peur, le doute et l'ignorance générale de notre nature humaine inhérente rendent difficile l'établissement de frontières équilibrées. C'est ici notre tâche.

c) Établir un équilibre entre ouverture et limites

Du point de vue énergétique, l'humain et toute vie dans l'univers sont à la fois récepteurs et émetteurs. Nous nous trouvons dans une mer infinie de force élémentaire, également appelée lumière, prana, énergie, orgone, chi, force vitale, etc. C'est la source de notre vitalité. Non seulement nous baignons, pour ainsi dire, dans cet océan vital, dont nous sommes faits, mais nous interagissons constamment avec lui par la respiration, par l'absorption d'énergie du corps éthérique, par les sentiments et les sensations que nous éprouvons consciemment et inconsciemment et par les considérations intellectuelles et mentales que nous partageons. Ce que nous recevons de l'univers, nous le « traitons » à travers notre individualité pour le renvoyer ensuite à l'océan d'énergie infinie - sous une forme légèrement modifiée par notre empreinte. En même temps, nous sommes enrichis par cette expérience et faisons ainsi notre tribut au cosmos. Un échange intéressant, n'est-ce pas ? C'est en fait un processus alchimique par excellence - si seulement nous en étions conscients !

Il se développe là une interdépendance indispensable, qui crée le lien avec le grand tout et embrasse tout ce qui est d'une sécurité nourricière. Ce serait bien si on s'en souvenait plus souvent ! De cette façon, nous ferions honneur à la fois notre grandeur, notre certitude inhérente et notre pouvoir originel.

Dans le domaine émotionnel comme dans le domaine mental, il est vital de rester ouvert et réceptif, sinon on risque de s'isoler de son environnement. Sans contact et sans échange, nos vies affectives et nos capacités cognitives s'atrophient. Notre existence et notre survie dépendent des concessions mutuelles, des apports et des défis : le mouvement active le flux et maintient le tout en vie. Et c'est en cela que consiste notre vraie nourriture soit au sens physique, émotionnel, mental et spirituel.

D'autre part, nous devons reconnaître la nécessité de freiner et de fixer une limite. Sinon, nous nous risquons de nous dissoudre complètement dans ce flux incessant jusqu'à ce que notre identité et notre intégrité physique se dissolvent. Et cela enclenche la prochaine réflexion, qui se confine à l'éthique. Quand, où et comment affirmer son individualité dans tous ces domaines de l'intégrité personnelle, culturelle et humaine. Combien peut-on intégrer ? Quand la limite est-elle atteinte ? Beaucoup de gens ne savent pas quand ils sont repus par exemple. Quand savez-vous que vous êtes au bord du burn-out ?

Votre propre liberté s'arrête là où commence la liberté d'autrui. Une belle règle morale : mais comment la mettre en pratique dans le tumulte de la vie quotidienne ? Elle nécessite un ressenti sûr. Quand la souveraineté d'un être, d'un groupe, d'une nation, quand la souveraineté de l'humanité elle-même est-elle violée, restreinte ou même détruite ?

Voulons-nous constamment construire des murs, des clôtures, des prisons, des mesures de protection et de sécurité dans tous les domaines, et vivre dans une paranoïa permanente ? Alors quand vous n'êtes plus en mesure de vous faire confiance, vous avez besoin d'une maîtrise de soi numérique qui fournit un retour d'information régulier. On aborde alors un monde pathologique qui s'est bientôt complètement séparé de sa source, de son origine vivifiante.

La démarcation du flux vital même signifie déclin, destruction, décomposition et maladie. Il est temps de choisir entre la vie et la décadence. Il est temps de se positionner et de fixer des limites saines. Commençons par les petites choses afin de maintenir une démarcation propice aux délimitations salutaires et sanitaires.

d) Allusions au langage de la couleur

Considérons le langage des trois couleurs primaires et d'une couleur secondaire.

Lorsqu'un enfant peint une maison, la plupart du temps il joint au dessin un ciel bleu avec un soleil éclatant. Ensuite, il dessine un espace vert avec une route, peut-être un arbre.

Le bleu représente l'infini et l'illimité du ciel, la liberté dont nous jouissons en tant qu'esprit pur avant le processus d ´incarnation. La couleur bleue symbolise l'origine céleste de l'humanité et l'ordre universel. Nous nous séparons de l'unité du ciel pour définir notre individualité. Nous découvrons que nous ne sommes plus un, bien que nous restions toujours en connexion avec l'unité. Rester connecté est la condition sine qua non de notre vitalité. Cette séparation partielle pourtant nous offre la responsabilité de prendre soin, de nous occuper et de protéger notre personnalité individuelle. Le « je » est né. Le « jeu » (de l´ego) est né. En tant que reflet du cosmos, nous portons un soleil personnel au centre de notre corps au niveau du plexus solaire : l'un des sept centres énergétiques connectés à la colonne vertébrale. Au sens figuré, le plexus solaire représente le stade actuel du développement humain moyen. Il est responsable des processus digestifs tant dans le domaine physique que mental. C´est dans ce centre énergétique que la joie mais aussi la dépression se manifestent, ainsi que toutes sortes de peurs et de phobies aussi apportées de nos vies antérieures. En outre, il est lié à notre individualité. Qui suis-je ? Moi-même, l'ombre de quelqu'un d'autre, ou même une marionnette ? Les thèmes d'ego et de pouvoir sont également étroitement liés à ce chakra. L'ego a évolué pour définir et maintenir l'identité personnelle au lieu de fusionner avec d´autres dimensions et avec les autres égos. Il ne s'agit en aucun cas d'exterminer l'ego, mais plutôt de le développer dans des limites saines. Souvent, ce centre énergétique est déséquilibré. Il est soit hyperactif, soit sous-actif hypo-actif, mais il peut également être bloqué. Dans ce cas, cela altère considérablement le flux qui relie énergétiquement la tête aux pieds et vice versa.

Dans le contexte du langage chromatique des dessins d'enfants, le jaune de la personnalité complète le bleu céleste : le soleil jaune se trouve dans le ciel bleu. Fondamentalement, l'individualité a besoin de la connexion à l'unité, au céleste et à l'origine au sens spirituel.

Le bleu et le jaune se mélangent pour former du vert au niveau du cœur, au milieu de la poitrine. L'unicité trouve son équilibre entre le pouvoir fini du Moi et l'éternité - jaune et bleu dans le vert du cœur. Le centre énergétique vert représente l'harmonie, l'espace, la liberté, les limites, la vérité, le chemin en tant que mode de vie. Le vert est la « centralité » et le centrage. Le tout est ancré dans la nature et la régénération naturelle. Le vert représente la relation avec autrui, avec « toi ». La nuance verte équilibrée nous aide à nous délimiter dans l'harmonie de la vérité et de la liberté.

Et où se déroule cette tâche ? Où d'autre que sur notre terre mère ! Dans ce contexte, elle représente notre maison terrestre et correspond à la couleur rouge de l'enracinement et de la réalisation au niveau de la manifestation. Dans le rouge, nous rencontrons la troisième couleur primaire. Rouge est l'expression de l'amour sur terre. C′est ici que notre détermination librement choisie d'affiner notre vécu de l'amour devient réalité. Ce chemin de l′amour universel où nous restons fidèles à nous-mêmes dans notre cœur et dans notre mode de vie. Vivre la loyauté et l'amour, tout en maintenant les frontières de l'unité personnelle de manière équilibrée ainsi que maintenir l′ouverture de cœur dans la rencontre avec autrui. Le tout dans la liberté, l'autodétermination, l'indépendance et l'honnêteté.

L′effort et l′intention bienveillants comprimés dans cette expression affecteront le rouge et l′illumineront d′une pure lumière blanche, afin que la teinte de base, le rouge, se transforme en un rose délicat et scintillant. Ce n'est qu'alors que cette puissante alchimie rose s'élèvera et répandra son doux nectar dans le calice vert du cœur. Une saine démarcation dans l'amour épuré de soi et de « l′autre » : c'est notre projet humain sur terre.

Voyons maintenant comment nous pouvons accomplir cette tâche et ce qui nous aidera à la réaliser. Nous y ajouterons des sujets complémentaires et nous prendrons quatre points de départ différents pour les inclure dans notre intégralité. Ainsi, nous traitons le sujet de la délimitation à travers les approches suivantes : physique, émotionnelle, mentale et spirituelle. Celles-ci correspondent aux différentes couches de l'aura autour de la personne. Elles représentent ainsi les quatre dimensions de notre l'existence en évolution. De plus, elles sont présentes parallèlement dans la réalité intérieure et extérieure - et en même temps dans le domaine matériel ainsi qu'aux niveaux subtiles.

3. DÉFINITION AU NIVEAU PHYSIQUE / MATÉRIEL

a) Intégrité physique
b) Franchir les frontières dans l'unité physique
c) Des défis choisis par soi-même

a) Intégrité physique

Le fait que nous soyons incarnés est défini et étayé par les limites temporelles et spatiales de notre existence en tant qu'humains sur la planète Terre. Nous ne sommes plus une entité spirituelle à l'état subtil, mais nous avons acquis un corps matériel physique dans lequel nous avons l'intention de vivre une incarnation. Cette décision est un engagement implicite envers la « physicalité » de notre existence et le niveau de manifestation.

Au sens purement physique, la peau est notre première délimitation et en même temps notre plus grand organe. Elle maintient le tout ensemble et elle a une fonction de protection, à la fois pour les différents systèmes internes et contre les influences extérieures. Quelle tâche miraculeuse ! De plus, elle permet un échange avec le monde extérieur : elle est réceptive à toutes les substances avec lesquelles elle entre en contact et en même temps elle est un organe excréteur. Les glandes sudoripares, les boutons, les rides et les lésions cutanées sont un miroir de l'état intérieur et une tentative de maintenir l'équilibre intérieur. Nous devrions observer attentivement chaque bouton et chaque ride et les accepter comme une possibilité d'expression et de rétroaction sur notre santé et nos processus internes. Non seulement, ils sont individuels et actuels, mais du point de vue réflexologique, ils sont de précieux indices de notre état de santé. La peau peut s'exprimer très clairement, surtout si l'on tente de supprimer artificiellement « son langage ». Cela provoque la répression de ses réactions et le maintien des toxines à l'intérieur. De cette façon, les impuretés et les déchets peuvent fournir un « terrain », un « milieu » pour les parasites, sur lesquels les maladies chroniques se développent librement. C´est pourquoi la détoxification et le drainage naturels sont fortement recommandés.

De plus, la peau est un organe respiratoire : les pores sont responsables de l´élimination. S'ils sont obstrués par de la saleté ou du maquillage, non seulement l'absorption d'oxygène est altérée, mais les processus d'excrétion et le renouvellement cellulaire sont également entravés. La peau a besoin d'air frais et d'une bonne circulation sanguine. Elle peut être nettoyé efficacement et en douceur tous les jours avec une émulsion d'eau et d'huile. Cette émulsion, contrairement aux crèmes, ne bouche pas les pores et l'eau froide en fin de lavage fait des merveilles : elle favorise la circulation sanguine, réveille, referme les pores pour une peau fine et donne un teint sain. Voilà, c´était le cours sur les soins de la peau pour aujourd'hui : bon marché, sain, simple et sans substances nocives.

Un mot sur l'expression physionomique. L'intérieur d'une personne brille à travers ses yeux et ses expressions faciales et elle communique de manière unique avec ceux qui l'entourent. En raison de certains soins de beauté et influences sociales (photos auxquelles il ne faut pas sourire, interdictions de contact, peur), cette possibilité naturelle et merveilleuse de connexion et d'échange est enfermée dans une physionomie sans expression, figée et uniforme.

Selon le Dr Calligaris, le psychiatre italien qui a étudié en détail la fonction de la peau en relation avec les capacités psychologiques dans les années 1940, chaque carré de peau est pourvu de fines « antennes ». Elles agissent comme des impulsions et activent différentes capacité mentales et états psychiques, tels que la clairvoyance, les états de rêve, etc. A cette époque, la CIA s'est même interessée à ses recherches : ce seul fait est la preuve qu'il doit y avoir de la vérité dans ses travaux, tout comme elle a suivi les travaux de Tesla et de Wilhelm Reich. Avec des conséquences désastreuses pour ces deux chercheurs extraordinaires.

Notre peau est donc bien plus que ce que ce qu'elle nous montre au quotidien : prenons soin de ce précieux organe avec la plus grande attention !

Néanmoins, la peau est également le plus grand organe de contact, riche en terminaisons nerveuses et méridiens, elle est donc sensible et très réceptrice. Des zones érogènes fines à la peau ferme de la plante des pieds, elle assure des fonctions très différentes. Ce fait nécessite des contacts tactiles appropriés. Le toucher est vital pour les bébés et les tout-petits et aussi pour les personnes de tous âges jusqu'au lit de mort, où la dernière communication ne s'exprime parfois que par une main aimante dans sa véritable inconditionnalité. Le type, la fréquence et l'intensité du toucher sont exprimés et vécus différemment dans les pays et cultures variés. Bien sûr, ils revêtent des aspects individuels selon que nous étreignions une personne intime, un membre de la famille ou une connaissance. La peau est donc un organe de relation et d'expression, un vecteur de communication et un pont entre notre intérieur et notre environnement extérieur.

Pour que la peau nous protège adéquatement, elle doit être intacte et en bonne santé, tout comme le système immunitaire. Il est responsable de la protection et de la régénération. Il assiste le corps à se défendre contre les influences néfastes. Il nous garde des influences débilitantes. Si nous traitons notre merveilleux corps avec reconnaissance et attention, il nous servira fidèlement. Nous sommes les spécialistes de notre propre corps, personne ne peut le connaître aussi bien que nous, car nous vivons non seulement avec lui, mais en lui depuis de nombreuses décennies. Il est important de reconnaître son langage, ses tendances et de savoir quels remèdes maison, quelles habitudes et mesures sauront le satisfaire. Il est important de savoir distinguer quand je dois courir aux urgences, où il peut éventuellement profiter d'une injection plus ou moins létale ou d'un poison médical et quand le repos, le jeûne, le sommeil ou l'exercice sont bénéfiques ou nécessaires. L'homme a atteint une telle aliénation de soi qu'il a peur de lui-même (et d'autrui) et est devenu allergique à la vie.

Enracinons-nous et atterrissons enfin dans notre corps, car c'est le temple de notre âme durant tout notre voyage terrestre !

Comment vit-on en tant qu´âme subtile dans un corps physique à notre époque ?

La perception des besoins personnels s'inscrit dans le contexte suivant : nutrition, sommeil, repos, activité, retraite, instinct grégaire, sexualité, nature. Chacun éprouve des désirs variés à différents moments et phases de la vie. Pour un être spirituel dans un corps, il s´agit d´évaluer sa situation individuelle et ses rythmes naturels. Assez souvent, je vois des gens de tous âges habillés de manière inappropriée à la saison, qui ont l'air fatigué ou même exténué ou qui consomment d'énormes quantités de nourriture ou d'alcool - plus que ce qui est bon pour eux.

Nous portons des vêtements directement sur le corps. Dans quelle mesure nous protègent-t-ils du froid, de la chaleur et du soleil, des regards ? Sont-ils adaptés à nos besoins personnels ? Non seulement les couleurs que nous portons, mais aussi la texture de l´étoffe, qu'elle soit en fibre naturelle ou synthétique, influence à la fois la peau et le corps, l'esprit, l'aura tout autant que notre environnement. Nous faisons une impression particulière et nous nous sentons différemment soit que nous portions une robe rouge ou bien un vêtement bleu.

De plus, notre corps est entouré d´une couche subtile dont il est issu. L'aura est une couche protectrice naturelle très différenciée. Il serait souhaitable de devenir davantage conscient de cette coquille subtile et d'en prendre soin de façon appropriée. Pendant des décennies, j'ai donné des séances individuelles de lecture d'aura et de nettoyage d'aura ainsi que des formations d'aurathérapie. Notre santé physique dépend de l'état de notre aura et de nos chakras. L'aura doit être purifiée, entretenue et harmonisée à intervalles réguliers. Il est essentiel que l'être humain soit vu dans sa globalité et que ses différents niveaux d'existence soient inclus afin d'être vraiment en bonne santé et d'accomplir sa tâche psychique et spirituelle. Tant que le soi-disant « invisible » n'est pas reconnu, les véritables causes des perturbations sanitaires ne sont pas inclues et restent ainsi « inconnues », cachées, supprimées et rejetées. Cette remarque renvoie non seulement à l'aspect subtil de l'humain, mais aussi à la bouillie de radiations dans laquelle nous baignons quotidiennement et aux radiations pathologiques qui nous entourent. Pourons nous en rétrospective prétendre « Nous ne savions pas qu´elles avaient de tels effets secondaires » alors que des recherches honnêtes et approfondies ont été menées depuis plusieurs décennies ? À un moment donné, on doit ouvrir les yeux et affronter la vérité. Combien de temps voulez-vous encore refouler les thèmes inconfortables sous le tapis ? Il faut secouer le tapis comme il faut, une bonne fois pour toutes, ou mieux encore, s´en débarrasser complètement. Cela fait aussi partie d´une démarcation saine de ce qui menace le vivant !

Au-delà de la peau et de l'aura, nous avons encore une enveloppe protectrice, à savoir notre lieu de résidence. Nous pouvons vaquer à nos occupations privées dans notre appartement, dans notre maison. Là, il est important de s'entourer d'objets agréables et favorables à notre harmonie. Il est préférable de s'entourer de peu de mobilier et de décoration de haute qualité que de s'encombrer d'une abondance médiocre et insipide. Chez nous en privé, il est impératif que nous nous sentions à l'aise, afin de nous détendre, de rencontrer notre être intérieur, d'être créatif, de jouir de l'intimité et de nous ressourcer. La vie privée protégée est un droit fondamental. A l'image de notre aura et de notre peau, cette sphère personnelle a besoin d'être clarifiée, gardée et conçue à notre convenance.

« Nous vivons en communauté », me dit avec nostalgie mon ami africain. J'ai de la compréhension et de la compassion pour lui et ce qui lui manque dans la société européenne. Mais, moi j'ai besoin de mon intimité : la communauté pourrait être un danger pour mon besoin de limites personnelles et de démarcation privée. Oui, je suis reconnaissante de pouvoir verrouiller la porte de mon appartement et de passer du temps dans mon monde sans être dérangée. Apparemment, beaucoup d'autres personnes ressentent la même chose. C'est pourquoi la démarcation dans les grandes villes est si extrême que certaines personnes y meurent seules. Toutefois, dans ce cas il ne s'agit plus de la protection de l'espace privé, c'est en fait l'isolation de l'être, cela signifie l'isolement et l'auto-exclusion de l´échange vital, ce qui est assimilable à un appauvrissement social.

Je voudrais mentionner ici un autre aspect de démarcation radicale et limitante, à savoir la prison. C´est un lieu institutionnalisé qui délimite l´auto-détermination et la vie personnelle. Dans cette enceinte les gens sont privés de leur vie privée et de leur liberté. Avec effet immédiat, les limites seront adoptées et décidées par la loi, le juge et les gardiens. Le détendu a non seulement perdu son droit de démarcation personnel, mais celui-ci est inversé, renforcé et décidé par la loi à l´extérieur. La société se différencie de lui. Il est marginalisé. Il est exclu. La cohésion avec le reste de la société est niée. Être rejeté, ne pas appartenir, ne pas faire partie du groupe ou de la communauté est une situation très menaçante et existentielle pour les êtres humains. Après tout, nous sommes des êtres sociaux qui vivent de l´interaction avec nos semblables. L'assignation à résidence, les confinements et les restrictions générales à la liberté de mouvement et mesures similaires sont conçues à titre de punition et de répression.

b) Franchir les frontières dans l'unité physique

Un respect particulier, une attention explicite envers le "temple de l'âme" ou "l'existence humaine" devraient être exigés. Si la lumière intérieure était perceptible par un plus grand nombre de personnes, nous serions d´avantage capables de plus d'appréciation et de dévotion envers l´être humain et le vivant en général. Cependant, une évolution positive des consciences se développe et peut être observée dans la société. En outre, on peut constater qu´une part de l'humanité devient de plus en plus réceptive aux fréquences élevées de la terre et des astres conduisant à une expansion de conscience. Je sais que ce n´est pas ce qui transpire à la lecture des journaux. Mais il n'y a jamais eu autant de lumière sur terre. Elle illumine tout et passe au travers de tout, surtout au travers de ce qui se cache et ce qui veut continuer à agir opaquement. Elle expose ces niveaux enfouis. Et les réactions à la fréquence élevée de la lumière représentent un défi pour beaucoup.

D'innombrables sujets qui n'ont pas retenu l'attention depuis des décennies, comme la situation des femmes, les minorités ou les groupes de personnes défavorisés, occupent désormais le premier plan et exigent les droits de reconnaissance, tolérance, acceptation et respect.

Oserions-nous soutenir que le besoin d´établir et de maintenir des limites saines est une question féminine ? Nous avons appris à nous assoir là, élégamment, les genoux serrés, un sourire sur le visage, de préférence pieux et poli, toujours approbateur, joli et modeste, gentil et doux, patient et disponible à tout moment et…….quoi encore ? Nous avons seulement entendu parler d´Eve jusqu'au moment où Lilith fait un outing et s'affirme avec confiance. Lilith a encore un long chemin à parcourir mais "quelque chose se passe", il y a du mouvement dans la société et dans les consciences. Même si ce n´est pas encore le cas pour toutes et tous.

Ou bien, la démarcation est-elle un problème masculin ? Bien sûr, en dépassant les limites du corps féminin jusqu'au "libre-service" malgré le "Non" et d'autres tentatives de défense. « Non, c'est non » est le titre d'une campagne pour protéger et respecter les femmes, les petites filles et les garçons. Le point jusqu'où la perversion peut s'étendre est reflété par des pratiques telles l'upskirting et l'addition de « la drogue du violeur » dans la boisson (GHB Gamma-Hydroxy-Butirate). A quel point faut-il être dérangé pour s'adonner à de tels passe-temps ? Ces hommes n'ont-ils rien de mieux à faire de leur vie que de violer l'espace privé de femmes inconnues ? Dans quel état se trouve l'image de soi des personnes qui s'adonnent à ces « passe-temps » criminels ? Que signifie « être un homme » pour ces individus ?

La façon dont nous traitons autrui reflète notre mépris de nous-mêmes. Voir mon livre : "CRÉER UNE NOUVELLE IMAGE DE SOI". En outre, ce dont nous nous nourrissons ainsi que la façon dont nous mangeons est un thème d'envergure. Sommes-nous des sacs vides qui doivent être remplis de tout type de déchets (exempts de bactéries mais pleins de sucre, emballés dans du plastique et étiquetés avec 3 codes-barres) ? De toute évidence, beaucoup de gens ne sont plus en mesure de déterminer leurs propres limites : il y a de plus en plus de personnes qui ont besoin d'occuper deux sièges dans le métro pour pouvoir s'asseoir. Qu'arrive-t-il au beau corps humain qui est devenu difforme et douloureux ? Il existe d'innombrables limites qui posent un défi : l'équilibre entre le trop et le pas assez, ne pas savoir ce que l'on veut vraiment, être capable, avoir le droit ou devoir être forcé. Une auto-aliénation du corps ainsi qu'un clivage entre le ressenti et la pensée en est la cause : être là mais ne pas être présent, fonctionner sans conscience, télécommandé et presque vidé de sa dignité divine. C'est ainsi que l'on ne se sent pas bien dans sa peau, malgré des vêtements de marque, de beaux ongles et des voitures cool, des smartphones et plus encore.

Le contacte tactile, la manière de toucher a tout une palette de variation. Ce devrait être un acte très différencié : où, quand et comment le touché est partagé et bien sûr avec qui. L'expérience de toucher n'est jamais exactement la même et elle peut être différemment perçue à chaque fois. On pourrait entrainer les enfants à enregistrer consciemment la façon dont ils sont touchés. Afin que l'enfant apprenne à donner et à recevoir le contacte tactile bénéfique, à respecter les limites (les siennes ainsi que celles des autres) et surtout à décider comment il veut être touché et par quelle personne. Ceci rendrait conscient l'accès sain au sein de son espace physique. Dès son plus jeune âge, la petite fille ou le petit garçon doit apprendre à s'affirmer et à dire, si besoin, avec une conviction focalisée : « Je ne veux pas de ça ».

Franchir les limites physiques est parfois un jeu pour les enfants : toucher là où on n'est pas autorisé ou toucher qui ne le veut pas. C'est un test pour apprendre à délimiter son espace individuel. Un petit jeu de pouvoir qui dit : « J'entre dans ton champ contre ta volonté, je franchis tes limites. » Les mères doivent également exiger le respect : ce n'est pas une preuve d'amour maternel que de permettre à l'enfant de violer l'unité physique de sa mère, de la frapper, de lui jeter quoi que ce soit ou de la réprimander. L'enfant adoptera ce schéma et exercera ce comportement envers d'autres femmes et hommes ainsi que directement dans son environnement privé. Comme les fils sont élevés par les mères, elles occupent une position particulière pour sensibiliser l'enfant dès le plus jeune âge. Et pour les femmes, c'est un privilège lourd de conséquences d'apprendre à leurs enfants à se protéger : devenir sensible au respect de leurs propres limites comme de celles d'autrui.

Un autre type de contact indésirable consiste à caresser la tête d'enfants ou de personnes ayant des caractéristiques individuelles - par exemple les cheveux roux ou albinos ou bien une chevelure raide ou bouclée. Personne n'a le droit de toucher autrui sans consentement explicite. Le respect des démarcations physiques fait partie de l'éducation et des échanges interpersonnels. Chaque personne a un espace individuel et très particulier autour de son corps. L'aura est un lieu sacré qui n'est partagé que si l'on donne son accord et seulement avec les personnes choisies.

Ce principe s'applique également aux animaux qui sont très sensibles, intelligents et dotés de dispositions télépathiques et clairvoyantes : leur intégrité physique doit être respectée. Ils peuvent également exprimer leur consentement ou non. Quand j'entends qu'un animal a attaqué une personne, je soupçonne presque toujours que l'humain a agi auparavent de manière abusive ou irrespectueuse. Les conséquences peuvent être très lourdes : l'un est englouti par le requin, l'autre empalé sur les cornes du bovin et ainsi de suite. L'homme, le bipède, en particulier le spécimen blanc de la race humaine, est à l'œuvre absolument partout, détruit tout, s'empare de tous les endroits sur terre, pénètre dans la terre, dans l'eau, dans l'air et bientôt au-delà vers d'autres planètes, qu'il polluera et détruira également. Il lance des assauts destructeurs dans de nombreux domaines et partout sur planète Terre et se plaint comme un petit garçon qui vient de faire sauter la maison de ses parents qu'il ne peut pas dormir dans son lit ce soir. Ce sont les autres qui doivent expier : l'animal, l'arbre qui le dérange, les autres personnes qui ne sont soi-disant pas si avancées ! L'animal est abattu, la forêt sciée et les autres peuples pratiquement exterminés. Quel comportement méprisant et absurde envers la nature, l'humanité, la vie et le divin !

Revenons maintenant à l'espace au sens de résidence, où chacun a sa place pour vaquer à ses occupations quotidiennes. Bien qu'il s'agisse d'un droit fondamental, il n'est pas nécessairement également accessible à tous. Trop peu d'espace, en particulier dans la zone de couchage, peut conduire à la promiscuité, dans laquelle les femmes et les enfants peuvent subir des abus physiques et sexuels. La pauvreté à plus grande échelle, associée au manque d'hygiène, d'espace de vie et de protection, est un problème pour une grande partie de la population mondiale négligée qui vit dans des conditions précaires. Dans le domaine sociologique, le problème du manque d'hébergement pour les jeunes femmes doit être pris en compte de manière urgente. Car sans abris, elles tombent plus facilement victimes de la prostitution et de la traite des êtres humains que si elles disposaient d'un espace protégé où elles peuvent se retirer dans la dignité et la tranquillité.

Ici, j'aimerais mentionner en particulier l'un des organes des sens qui ne peut pas être correctement « fermé » : l'ouïe. Les personnes traumatisées sont hantées par les mots, les phrases, les cris et les sons qui ont accompagné les abus ou quelques situations traumatiques. L'oreille est à tout moment réceptrice et ils restent empreints dans la mémoire et sont difficilement effaçables. Dr.Tomatis, le médecin ORL français qui recherché le développement de l'audition très tôt puisque dans l'utérus, a prouvé la capacité non filtrée du sens auditif à stocker des informations entendues chargées des états émotionnels correspondants. Ce qui est prononcé ainsi que la façon dont cela a été dit, le fond bruyant, toutes sortes de sons seront enregistrés inconsciemment et enfouis profondément dans le subconscient avec toute l'atmosphère qui en fait partie. Plus tard, ils peuvent être déclenchés non intentionnellement par l'entourage et l'environnement. Ainsi ils vont réactiver des chocs et provoquer des comportements incontrôlés. Certains criminels, par exemple, rapportent ce processus dans leurs interrogatoires. Dans le travail sur soi et dans certaines thérapies comme la Polarité et autres soins, les mémoires inconscientes peuvent être à nouveau évoquées par un événement sonore quelquefois vécu comme anodin - pour autrui. Au-delà de cet aspect, la thérapie par le son du Dr. Tomatis peut être très efficace et ceci à des niveaux profonds.

Considérons maintenant un autre type d'agression contre le corps physique, qui est cependant basé, sur un but d'aide ou de guérison. Chaque soin dans et sur le corps est lié au contact et à la pénétration de l'espace personnel d'une personne par une autre. De préférence avec le consentement du patient ! Tous ceux qui travaillent avec le corps d'autrui, devraient faire une courte pause avant de procéder. Quel honneur de pouvoir exercer une tâche soignante, cosmétique ou médicale à ce moment dans le domaine le plus privé de cette personne ! Dans une société éclairée, la conscience de cet acte serait particulièrement cultivée chaque fois que l'on s'engage dans l'espace individuel d'un être. Dans la mesure où le client a clairement donné son consentement, et dans la mesure où les activités thérapeutiques sont exercées légalement et conformément au plus grand bien de la personne, nous avons à faire à un miracle de la médecine, comme nous en connaissons beaucoup. Mais il y a aussi le revers de la médaille, où une approche controversée est davantage orientée sur le profit, le marchandage d'organes ou pour certaines modes chirurgicales (Extraction systématiques des amygdales, des organe génitaux féminins etc.). Le patient est un numéro ; il faut qu'il fonctionne bien et surtout qu'il soit rentable, non ? En conséquence, toutes sortes d'incohérences se produisent qui n'ont vraiment rien à voir avec le bien supérieur de la personne En fait, ce dernier devrait être au centre du traitement et en accord éthique avec praticiens et thérapeutes. Ici, il s'agit de l'information et de la capacité de décision claire du patient, ce qui est d'autant plus difficile, surtout si la personne a refoulé au long de sa vie tout ce qui touche à la maladie et au traitement. Elle n'a aucune idée, même pas de son "espace personnel" - son corps, et bien sûr encore moins des méthodes de traitement alternatives. Mais "l'expert" le sait. Le conseil va dans le sens de "l'expert". Il est vrai qu'il a un regard éclairé et une vue d'ensemble des solutions disponibles. Mais le patient a le droit et même l'obligation d'être son propre spécialiste, celui de son corps et de ce qui lui est bénéfique. Notre responsabilité fondamentale représente en premier la responsabilité de notre propre moi.

Surtout dans les domaines où les substances invasives telles que les vaccins, les analgésiques, les remèdes psychotropes et autres produits lourds sont injectées dans le corps. Une considération sérieuse et une information approfondie font partie d'une décision responsable. Il faut enfin sortir des premiers balbutiements ! Et commencer à penser vraiment par soi-même ! Avons-nous la volonté de questionner les sujets peu communs et un peu exigeants ? Surtout ce qui concerne la fin de vie et le don d'organes sur lesquels il y a trop peu d' information. L'association pour l'éducation critique sur la transplantation d'organes e. V. abrévié en KAO (ce qui est très approprié – le corps est chaos mais pas mort - parce que les fonctions corporelles sont gardées artificiellement en vie, afin que les organes vivants soient prélevés) fournit des arguments éthiques et des expériences qui nous ouvriront les yeux. Il est intransigeant de faire nos propres recherches à temps, afin de pouvoir nous faire une opinion éclairée. Surtout dans les pays où l'État revendique directement le droit d'utiliser les cadavres de ses citoyens comme pool de dons d'organes. Particulièrement là, il est important de prendre une décision consciente pour ou contre - durant son vivant.

Une interférence qui vient du ciel est ce qu'on appelle les "chemtrails" (traces chimiques). Ce nom est une description précise des déchets chimiques tels que l'aluminium, le baryum et des poisons similaires qui sont répandus par certains avions depuis les années 1990. Pour les rendre socialement acceptables, ces étranges traces dans le ciel sont appelées « géo-ingénierie ». Ça sonne bien, n'est-ce pas ? Il fût un temps où les contrôleurs du savoir recouraient au latin et rendaient ainsi la connaissance difficile pour le citoyen moyen, mais l'anglais n'est pas accessible pour tous non plus, il faut l'admettre. Toutefois des chercheurs curieux et indépendants ont étudié ce phénomène avec des ressources limitées, alors qu'il était encore "secret" ou "non-officiel". Comment garder secret quelque chose qui tombe du ciel ? Aucun problème ! Les gens sont déprimés, effrayés, tellement préoccupés par le trivial qu'ils ne voient même pas ce qu'il y a devant eux, encore moins ce qui vient d'en haut. Ce phénomène est très bien documenté dans le film "Overcast" du réalisateur suisse Matthias Hanke et du producteur Tristan Albrecht. Incidemment, le sujet a été l'un des premiers en Europe à être publié et étudié de manière approfondie par le magazine "RAUM UND ZEIT". Oui, le scénario semble incroyable. Il faut changer de mentalité, comme David Icke le répète inlassablement depuis 30 ans, sinon vous ne pourrez pas comprendre ce qui se passe réellement. L'aluminium dans les tissus corporels vous rend malade. C´est bien connu et ce n´est pas nouveau. Ni le fait que des quantités excessives d'aluminium se trouvent dans le cerveau des patients atteints de démence. Des couverts de la dernière guerre ? Du papier aluminium du sandwich ? Avez-vous mangé le papier d'aluminium avec le pain ? Vous ne feriez pas cela, quand même ? D'où ces cerveaux ont-ils accumulé tant d'aluminium ? Dans les vaccins, peut-être ? Il suffit de s´informer sur la description et le contenu officiel des vaccins. Pour en prendre connaissance, il faut se renseigner : il y a des cellules de fœtus prélevé vivant, de virus et de métaux lourds. Tout pour le plus grand bien de l'humanité ?

Passons maintenant aux sujets des parasites physiques. Bien sûr, les micro-organismes font partie de notre vie. Apparemment, ce sont les plus anciens habitants de la terre. Ils apportent une contribution importante à notre santé, entretenant la flore buccale, nasale, intestinale et vaginale. L´équilibre du milieu crée par les micro-organismes est très sensible : il dépend, entre autres, de l'équilibre acido-basique de l'organisme. Assez curieusement, les parasites médicaux sont plutôt difficiles à diagnostiquer, à part Candida et quelques virus, bien qu'ils jouent un rôle crucial dans l'état du terrain organique du patient. Comme toujours, il existe des chercheurs indépendants et courageux : comme l'Américaine Mme Hulda Clark avec son régime de purification du système et son appareil énergétique, le zapper. La biochimiste russe,

Mme Tamara Lebedeva, observant pendant des années comment sa famille a été progressivement décimée par le cancer, a prouvé que le cancer et les parasites sont définitivement liés. Elle recommande également un nettoyage en profondeur de l'organisme. Un mot de plus sur la relation entre le Candida, le sucre et les états mentaux observés chez les enfants hyperactifs. On observe par exemple que le sucre peut rendre certains enfants chaotiques et agressifs. Et le candida adore le sucre !

Le monde des micro-organismes est une énorme branche de la biochimie. Cependant, nous pouvons bénéficier du côté favorable des parasites pour maintenir l'équilibre grâce à l'utilisation de micro-organismes efficaces EM.

Nous arrivons maintenant au déni de la liberté physique de mouvement et de l'espace personnel par l'emprisonnement. Cela inclut toutes les restrictions violentes qui menacent l'espace individuel du pouvoir de l'État (le monopole de l'État sur l'utilisation de la force serait un thème en soi !) au viol, aux accidents et aux catastrophes. Il existe une violence institutionnelle allant de la torture, des mauvais traitements, de la guerre, des camps et du goulag jusqu'à la peine de mort. Ce qui se passe ici sur terre est parfois très cruel. La barbarie ne peut et ne doit pas continuer ainsi. Il est grand temps de traiter avec dignité les humains et le reste de la création.

c) Des défis choisis par soi-même

Apprendre à gérer sa propre force vitale est une tâche qui nous accompagne toute une vie. Cela fait partie du processus continu de conscience de soi qui se déroule à travers les différentes étapes de la vie.

Longtemps je me suis demandé : « Dois-je prendre soin de mon corps et être doux avec lui, ou dois-je continuer à le pousser dans ses derniers retranchements et suivre mon penchant à la discipline et aux transgressions que je me suis imposées ? Suis-je trop dure, même brutale avec moi-même ? Ce petit corps a-t-il besoin de plus de repos, de considération et de douceur ? Pendant longtemps, j'ai oscillé d'un extrême à l'autre jusqu'à ce que mon organisme passe à la nourriture pranique. Un accès réaliste et sûr au corps est essentiel pour cette conversion énergétique. C'était une vraie percée pour moi, alors que je découvrais ma connexion au langage de mon corps. Même après avoir bien récupéré des maladies graves de ma jeunesse, j'ai hésité à prendre soin prophylactiquement de mon corps. J'avais initialement une peur subliminale qu'il réagisse de manière erratique ou qu'une blessure mineure n'éclate bientôt en gangrène ou en empoisonnement mortel.

J'ai acquis des connaissances physiologiques de ma carrière professionnelle en tant qu'infirmière, de différentes procédures naturopathiques, de mes activités d'enseignement, ainsi que de nombreuses expériences variées avec mon propre corps et aussi à travers les cas de mes patients et clients. Malgré tout cela, j'ai pris beaucoup de temps pour développer une relation de confiance avec mon corps physique. Bien que j'aie toujours eu envie d'expérimenter, j'avais très peur de « casser quelque chose » ou même de mourir. Comme pour la plupart des gens, ma relation corporelle était entravée par l'incertitude et la peur d'oser ; qui plus est, par le manque de connaissance de mes limites physiques et de confiance en mes propres pouvoirs de régénération et de guérison. Premièrement, cette attitude vient de la division entre le corps et l'âme, deuxièmement de l'aliénation de soi, troisièmement de l'insécurité à communiquer avec mon propre état d'esprit et quatrièmement de ma déformation professionnelle concernant les capacités du corps à se régénérer. Au lieu de lui faire confiance, on est entraîné à visualiser tout ce qui pourrait « mal tourner ». En soi, c'est une chose sensée pour évaluer la situation de manière préventive et sérieuse. Selon la devise, pensez au pire pour l'éviter. J'ai donc dû apprendre moi-même à communiquer avec mon corps, à lui donner une avance de confiance, à reconnaître et respecter ses limites et à l'appréhender comme une identité intelligente. Il devient alors un allié, avec qui développer une coopération stable. On devrait apprendre ça à l'école.

A partir du moment où j'ai judicieusement déterminé les limites de mon corps, j'ai remarqué qu'il est capable d'enregistrer rapidement une certaine masse de savoir et qu'il n'oublie jamais ce qu'il a intériorisé. Il exige clairement d'être traité avec soin et fournit des retours clairs. Une des choses importantes que j'ai apprise en passant à la nutrition lumineuse (voir mon livre "MA NOUVELLE VIE AVEC LA NUTRITION PRANIQUE), c'est que le corps physique, avec ses couches subtiles de l'aura, possède des capacités et des limites étonnantes qui sont volontiers en expansion constante. Mais uniquement en accord avec ses propres rythmes ! En fin de compte, j'ai trouvé que plus on exige de force, plus le corps en fournis. Nous connaissons ce processus au cours de situations extraordinaires où nous faisons preuve de pouvoirs surhumains. Dans mon cas personnel, cependant, il s'agit plutôt d'augmenter mes forces en faisant des exercices physiques réguliers qui renforcent mon état général et mon système immunitaire. Pour répondre à ma question de longue date : non, il ne s'agit pas d´être aux petits soins ou d'être trop indulgent avec soi-même (sauf lorsque vous êtes malade ou si votre état physique l'exige pour une raison quelconque). Plutôt, il s'agit d'être en résonance avec son propre corps Ainsi, le corps et l´esprit vibrent de manière synchrone. Parfois, on appelle ceci « s´endurcir », « renforcer ses forces immunitaires » ou « libérer son potentiel ».

Cela dit, il est indispensable de connaître ses limites, mais elles vont être testées maintes fois. Le stress positif, l´entraînement d'endurance, la joie de dépasser les limites et d'élargir ses compétences procurent un sentiment positif, tout en renforçant la confiance en soi, et en rendant le corps lui-même plus sain et actif grâce à la production d'hormones qui rendent heureux (Dopamine u.s.w.). La seule condition réside toutefois dans le strict respect du langage corporel.

Il y a aussi un dépassement des capacités physiques qui vous rend accro à repousser les limites ou à élever la barre. Cette poursuite sans fin ne connaît pas de frontière, même dans certaines circonstances et quelquefois jusqu'à l'autodestruction. Ce qui en soi devient pathologique avec des conséquences dévastatrices.

En revanche, l'humain peut faire l'expérience des limites toujours plus contraignantes, par exemple durant une maladie, après un accident ou une opération, et souvent pendant la vieillesse lorsque leurs forces diminuent. Ces situations de vie représentent un défi particulier et une transformation profonde de l'auto-organisation générale et de l'auto-évaluation. Surtout dans ce contexte, les méthodes alternatives, plus douces, devraient être explorées, par exemple avec des exercices oculaires et des méthodes de tapotement (Roger J. Callahan).

4. DÉLIMITARTIONS AU NIVEAU ÉMOTIONNEL

    a) La nature des émotions
    b) Pression émotionnelle et manipulation
    c) Autogestion et limitations émotionnelles
    d) Les sentiments créateurs

a) La nature des émotions

L'émotionnel est un grand cadeau à l'humanité terrestre, pour lequel nous sommes enviés par d'autres anthropoïdes de l'espace. Ce don nous apparaît parfois comme un obstacle ou une exigence excessive dans une société où le fonctionnement et l'uniformité sont les plus hauts commandements. Mais les émotions jouent aussi de jolis tours sur le chemin spirituel, surtout si l'on veut viser un état saint ou un sang-froid toujours angélique. Que faire de cette masse de pulsions imprévisibles, irrépressibles que nous ne comprenons pas, ne pouvons accepter et que surtout nous avons du mal à contrôler ?

Nous examinerons leur nature, découvrirons leurs mécanismes ainsi que leurs tendances cachées afin d'apprendre à les gérer et à nous lier d'amitié avec elles. Nous découvrons qu'elles veulent être acceptées parce qu'elles font partie intrinsèquement de nous et parce qu'elles communiquent constamment avec nous depuis nos profondeurs. Nous apprenons à les intégrer, à les apprécier et à les honorer comme des alliées dans notre vie de tous les jours et sur notre chemin spirituel.

Les émotions appartiennent au corps astral ou corps émotionnel, à la couche de l'aura qui correspond à l'élément eau. Elles devraient se refléter comme la lune argentée dans un étang sans mouvement trouble ou ressembler au fluide cours d'une vie calme. Mais parfois, elles provoquent des inondations ou des jaillissements semblables à un torrent de montagne impétueux. À première vue, les impulsions émotionnelles peuvent donner l'impression qu'elles forment un obstacle sur le chemin spirituel. Nous aspirons à être spirituels et incarnés et à trouver l'équilibre entre l'état idéal, la maladresse et faire le grand écart. Par conséquent, gérer ses sentiments est une priorité sur le chemin de la conscience de soi.

L'une des propriétés de l'élément eau est qu'il est très variable et malléable. Il n'y a pas de vie sans eau. Mais vous pouvez vous noyer dans l'eau et l'élément fluide peut être destructeur et dévaster tout sur son passage en très peu de temps. L'eau se présente sous différents aspects, de l'état liquide à la neige, la glace, la vapeur, la pluie, la rosée, l'étang, l'océan, la rivière, le liquide intracellulaire, etc. En fonction des différentes températures, l'eau prend également des formes différentes. Elle s'adapte à toutes sortes de formes selon le récipient ou l'endroit où elle coule. Partout où elle est présente, elle engendre la cohésion et favorise le rapprochement, ainsi les gouttes de pluie sur la vitre, qui se rejoignent et s'assemblent, tout en formant progressivement un petit ruisseau. C'est ainsi que toutes les rivières se forment et aboutissent dans l'océan. La principale caractéristique de l'eau, cependant, est sa grande capacité de changer et de s'adapter : comme les émotions qui sont positives et négatives et fluctuent d'un extrême à l'autre. Parfois l'eau disparaît, comme des gouttes d'eau sur le sable sec et assoiffé qui absorbe immédiatement le liquide, comme des sensations fugaces que l'on perçoit à peine. Comme un sentiment que l'on ne capte qu'après coup comme confirmation d'une intuition ou d'une inspiration spontanée qui nous rattrape plus tard. Les sensations peuvent également être claires ou troubles, comme l'eau, superficielles ou profondes. Car les sentiments ne sont pas seulement un résultat qui jaillit du magma émotionnel, mais ils transportent aussi des messages plus fins, venants du corps ou du monde des sensations. Ils peuvent également être porteurs d'informations de dimensions supérieures.

Dans la mesure où nous visualisons la qualité changeante des sentiments, nous pouvons les observer de près, néanmoins sans être trop emballés par eux. Nous prenons au sérieux leur signification et leurs messages. Nous agissons de manière raisonnable, comparable à l'observation de la situation météorologique : portez un imperméable par temps de pluie, une robe légère par temps ensoleillé, etc. On prend note de l'émotion, on l'enregistre, elle nous touche, sans s'identifier à elle et surtout sans se fondre avec celle-ci. Quand nous nous laissons submerger par les émotions, la vague actuelle d'émotions parait se transformer en un état éternel. Non, les sentiments aussi bien négatifs que positifs sont éphémères. Puisqu'ils sont à leur tour ni stables et ni constants, ils doivent également être perçus avec distance, comme un film qui nous renseigne sur notre monde intérieur et nous transmet un message significatif. Cela nous confronte directement à nous-mêmes et souvent sans fard, en nous démontrant la qualité de notre relation à ce que nous pensons en être l'objet ou l'origine, du moins de notre point de vue présent.

Sur le plan émotionnel, il est apparent qu'une démarcation et une délimitation des émotions chaotiques et plutôt vagues représentent une tâche particulière. Cependant, je ne préconiserais aucunement la répression des émotions car elles contiennent une grande partie de notre vivacité. Comme évoqué auparavant, l'humanité est convoitée pour cette particularité d'éprouver des émotions. Nous verrons aussi plus tard combien il est nécessaire de reconsidérer l'importance de l'émotionnel pour notre santé et avec quelle constance nous devons les accepter et les intégrer afin de maintenir notre équilibre psychologique. Il y a même là une responsabilité cosmique.

Nous prenons les émotions au sérieux et les honorons. Nous les enregistrons, les ressentons et elles font partie de notre évolution. Cependant, nous nous distançons d'elles avec l'intention de permettre également à nos autres capacités de se développer car nous ne sommes pas uniquement constitués de fluctuations émotionnelles. Je voudrais souligner le fait qu'après avoir refoulé les sentiments, pour lesquels il n'y avait pas de place durant des siècles, le monde semble avoir succombé aux sens, aux sensations et aux sentimentalités. Par exemple, dans certaines thérapies, le carrousel des émotions se succèdent indéfiniment : l'état émotionnel peut être aussi surestimé. Le travail consiste à filtrer le motif séparément de l'information ressentie. Il ne s'agit pas de glorifier les expériences traumatisantes. Ce qui est décisif, c'est la manière dont nous y faisons face et la sagesse que nous développons envers nos processus de maturation. Le plus important est que nous élargissions notre gamme de sensations et que nous approfondissions ainsi notre compassion, notre empathie et notre sympathie de manière à pouvoir entrer en résonance avec tous les êtres et partager ces qualités de manière globale et inconditionnelle.

Après avoir traversé la tendance actuelle à surestimer les sentiments, passons aux sentiments que nous refusons et que nous préférerions refouler et balayer sous le tapis. La projection et la répression sont des mécanismes utiles qui nous aident quelquefois à survivre afin de continuer à vivre. Dans ce cas, les impressions négatives sont souvent stockées dans l'aura, plus précisément dans le corps émotionnel « sous la ceinture », c'est-à-dire au niveau des hanches, du bassin et de l'abdomen. Ces stratégies sont intenables à long terme, car le fait de réprimer le volcan a besoin de beaucoup d'énergie. Cela peut conduire soit à des états de fatigue chroniques, soit à compenser en une sorte d'hyperactivité dans tous les domaines. Il ne s'agit pas là d'une véritable occupation, mais plutôt d'une activité nerveuse constituée de mouvements réactifs autour de situations non pertinentes. Cependant, il faut s'attendre à ce qu'une émotion refoulée surgisse tôt ou tard afin d'être libérée, dégagée et finalement lâchée. Un processus de refoulement intensif peut nous prêter l'illusion que nous sommes capables de garder la situation sous « contrôle ». Mais l'hydre aux sept têtes de la mythologie nous ramènera très vite au sujet, où nous serons confrontés à maintes reprises à la même constellation émotionnelle. Chaque avertissement est un signe que nous devons y faire face et que nous avons peut-être besoin d'une aide professionnelle. Ceci est quelquefois indispensable, car la répression permanente du lest émotionnel peut conduire à la somatisation, c'est-à-dire au développement de disharmonies et de maladies dans le corps physique.

L'émotionnel nous oblige d'abord à être honnêtes avec nous-mêmes, avec les autres ainsi qu'avec notre monde intérieur. Il est essentiel de suivre la montée des émotions, de les nommer et de les accepter. Le but est d'admettre que je ressens cette sensation : "Je ressens maintenant une énorme colère dans le ventre". Je ne suis pas la colère, mais j'ai un ressenti d'émotion "colère" dans la région de l'estomac. Je dirais « Merveilleux » car cela est la preuve qu'il y a beaucoup d'énergie avec laquelle des tas de choses peuvent être changées ! Donc, nous voulons communiquer avec la colère et lui demander « Que veux-tu me dire, concrètement ? » L'émotion non désirée contient une impulsion génératrice de mouvement et de changement, ainsi que des solutions et des actions pour la résoudre. Par exemple, avec la colère, nous pourrions devenir plus dynamiques, mettre en œuvre de nombreuses choses et instaurer de nouvelles habitudes. La charge de colère intégrée et transformée est magnifique pour nettoyer l'appartement, déplacer les meubles, redécorer l'espace de vie, et annoncer à quelques personnes que tout est désormais en train de changer. Et avant tout, la confrontation et la transformation de la masse émotionnelle montrent que je ne suis pas une victime, mais que j'aborde mon destin et que j'assume la responsabilité de ma vie pour mon plus grand bien et en harmonie avec le bien commun.

C'est le puissant pouvoir transformationnel des émotions. Au paragraphe c) ci-dessous, je propose différentes techniques d'autogestion.

Il existe encore une autre façon de gérer les sentiments, à savoir les ignorer et être « complètement cool ». On pourrait dire aussi : blasé, las, sursaturé, fermé, vide ou bloqué à tous les niveaux, indifférent, insensible ou encore « Je m'en foutisme ». Durant la puberté, lorsque le corps émotionnel est considérablement modifié, on sait que de fortes vagues émotionnelles déroutantes surgissent, qui sont difficiles à gérer pour les jeunes. C'est précisément là qu'il faut apprendre à plonger dans les sentiments, à nager avec eux malgré le fort courant, et même, le cas échéant, à nager à contre-courant, à garder la tête hors de l'eau, et à surveiller les stratégies de l'environnement pour malgré tout se rester fidèle. Pendant l'adolescence, on s'entraîne à découvrir et à ordonner ses ressentis pour être capable de prendre des responsabilités à l'âge adulte. Comment les années de maturité peuvent-elles être sagement maîtrisées lorsque le vécu des cycles de vie antérieur a été chaotique, refoulé ou perçu au travers de la culpabilité et de la honte ?

Une gestion positive des émotions n'est pas seulement bénéfique pour la résilience, mais elle contribue aussi à la passion et l'enthousiasme pour la vie, à la générosité du cœur, à la volonté intérieure d'exprimer notre essence dans le quotidien. Elle est aussi indispensable pour entrer en contact avec notre intuition. Le monde des sensations est le langage de l'âme et du subconscient ainsi qu'un miroir de nos pulsions spirituelles et des dimensions mystiques de notre existence.

Rien de tout cela n'est particulièrement encouragé dans un fonctionnement de tous les jours dénué d'imagination et de créativité. Le rire et l'humour ne sont pas seulement sains, ils ont aussi un grand pouvoir transformatif et énergétique.

b) Pression émotionnelle et manipulation

Notre dimension émotionnelle est très sensible aux intrusions agressives : des scénarios subtils à ceux mettant la vie en danger, de la terreur psychologique à une culture de la peur à grande échelle, de la sécurité qui nous étouffe ainsi que la liberté, la spontanéité, la confiance et la solidarité qui s'éteignent sous les soupçons et les doutes. Cela sent lentement la dictature alors qu'Hannah Arendt en a examiné les propriétés dans "Les origines du totalitarisme" mais aussi dans "Viva activa ou de la vie active".

Mais même dans les cercles intimes, familiaux et amicaux, il y a une certaine pression pour s'adapter ou être d'accord avec le consensus. Il existe souvent un accord tacite sur les rôles à jouer, comment et par qui. De plus, un certain nombre d'attentes sont projetées sur les êtres humains, afin que l'ensemble fonctionne de manière plus ou moins juste et équilibrée. Certains schémas sont carrément pathologiques et sont hérités ou transmis énergétiquement. À un moment donné, le temps viendra de découvrir et de guérir les systèmes familiaux malsains. Ce travail, à la fois individuel et collectif, est déjà fourni par de nombreuses personnes ressentant le besoin de libérer leurs structures familiales de modes de pensée et de comportement dépassés.

Les jeux commencent à la maternelle, se poursuivent dans la vie professionnelle, dans le sport, dans l'armée, avec les rivales de beauté, en politique, et dans certains cas jusque sur le lit de mort, afin d'ajouter une dernière correction au testament en faveur de … .? Conformité, uniformité, l'attente naturelle que d'autres seront là pour répondre à mes souhaits. Et quand ils ne le sont pas, une pression émotionnelle est exercée jusqu'à ce qu'ils se soumettent.

La pression des pairs est un terme sociologique, clairement défini : à la puberté, les jeunes sont très réceptifs aux retours de leur entourage et surtout de ceux du même âge. Les réactions aux manipulations et aux influences sur le code de conduite varient en fonction de la stabilité intérieure, de la confiance en soi, et de l'affirmation de soi, acquises jusqu'à présent. Les jeux de pouvoir avec les schémas de domination et de soumission ont commencé beaucoup plus tôt - avec la fratrie et à la maternelle - mais dans le cas des jeunes, des schémas formateurs émergent qui définissent profondément la vie professionnelle et les relations de couple. La mise en forme pour la vie et pour le monde du travail s'opère avec des conséquences sérieuses sur les rôles futurs : Animaux alpha ou victimes de brimades, pression de travail jusqu'à ce que le citron soit complètement pressé à mort - ou presque.

La psychologie, qui devrait s'occuper de la psyché, est utilisée à mauvais escient pour rendre le comportement humain prévisible et encore plus pour le manipuler, ostensiblement pour vendre des marchandises à l'humanité. De la stratégie marketing à la guerre psychologique, les dégâts sont nombreux. De nombreuses méthodes d'influence sont développées, y compris des techniques de torture morale. À l'extrême, et d'une manière subtile ou sadique, les limites humaines du respect et de la droiture sont souillées. La peur, l'intimidation, le chantage émotionnel, l'échine et la volonté de l'autre personne sont pliés et brisés. Le mépris et l'humiliation sont considérés comme justifiés quand ils correspondent à l'image que l'on se fait de l'ennemi. Cette attitude est inacceptable dans un monde civilisé. Et cela complètement. Même si des poursuites pénales sont appliquées, le traitement des personnes doit être et rester humain. Sinon, non seulement les droits fondamentaux s'en trouvent violés, mais l'intégrité humaine est gravement atteinte.

L'interdépendance signifie être connecté les uns aux autres dans une réciprocité complémentaire. L'ensemble est coordonné et chargé d'agir dans la justice des parties servant le tout. L'équivalence souligne la différence dans le sens qui complète le tout. Différence quand on parle de « avoir besoin les uns des autres ». Oui, nous avons besoin les uns des autres pour la simple raison que chaque personne n'est qu'une partie du puzzle. Et chaque partie est différente mais tout aussi importante et essentielle l'une que l'autre. C'est la base de la solidarité, d'être au service des uns pour les autres et vice versa.

Le concept d'influence est souvent affecté négativement. Mais si nous voulons accepter notre vraie place dans l'univers avec la responsabilité qui l'accompagne, nous découvrons que nous interagissons tous constamment les uns avec les autres. Grâce à ce lien organique, auquel nous ne pouvons échapper, même si nous mijotons dans notre désespoir, isolés dans notre petit appartement.

Je me souviens comment, une participante durant une formation, soudainement confronté à cette vérité énergétique, me regarde avec une grande surprise : « Donc mon énergie rayonne sur mon voisin et sa vibration réverbère en retour dans mon champ. Peut-on empêcher cela ? » C'était sa question. La réponse lui souffle : « Non, pas vraiment, car l'échange énergétique dans l'univers est la base et le but de la vie. Il est crucial de prendre conscience et de choisir le type d'énergie que nous voulons absorber et dégager. Cela inclut la tâche et la conscience de déterminer quelles fréquences nous voulons cultiver dans notre champ énergétique : quelle humeur de base offrons-nous au monde ? De plus, il est important de définir ce que nous voulons inviter et absorber dans notre champ aurique et ce que nous voulons filtrer. La loi de la résonance sait faire la différence entre ce qui vibre sur la même longueur d'onde et ce qui n'est pas compatible. Ainsi la démarcation énergétique est liée au corps émotionnel, c'est-à-dire au monde du ressenti.

Il existe une hypothèse commune selon laquelle nous sommes censés être « gentils » ou « sympa » : C'est une sorte d'amoindrissement, une façon de se faire petit qui est à tort assimilée à l'humilité et à la modestie. Cela inclut une tendance à accepter ce qui est, tel que c'est : On n'arrive pas à dire « non » ou à refuser, ce que la majorité accepte. Il faut tout supporter, suivant la devise « Que puis-je faire ? » « On n'a pas le choix. », « on ne peut rien y faire ». Ceci fait que l'on se sent « insécure », inférieur et à la merci d'autrui. Cela ne s'exprime pas seulement en termes d'estime de soi, mais aussi dans la structure du corps physique, dans les traits du visage, même dans la texture des tissus. Parce que nos sensations façonnent notre bien-être physique, notre apparence, nos actions et même notre prédisposition aux maladies.

L'incapacité de vous accepter pour qui vous êtes, vous oblige à rechercher l'approbation et l'affection extérieures de manière excessive, ce qui peut conduire à la dépendance. « Je ne suis rien sans toi », « Je ne peux pas vivre sans toi » : ce ne sont pas seulement des paroles de soi-disant chansons d'amour, mais elles correspondent à l'expérience émotionnelle de personnes dépendantes d´autrui. Tout d´abord, cela a à voir avec une conception déformée de l'amour déséquilibré entre l'amour donnant et l'amour recevant. Puis, l´esprit de manque est la force motrice : au lieu de cultiver une saine estime de soi qui attire des personnes avec qui il est évident d´échanger, de recevoir et de donner sur un pied d'égalité, on glisse rapidement dans des comportements inférieurs basés sur la dépendance et la co-dépendance. La codépendance, en particulier, se développe à partir d´un comportement addictif à l'égard d'une personne qui a elle-même déjà développé une dépendance - soit à des substances, soit à un certain comportement tel que la dépendance au jeu. Dans ce genre de constellation, vous donnez trop à votre partenaire de ce que vous devriez vous donner en premier lieu : le respect de soi et l'amour de soi.

Les facteurs suivants tels que les contours spongieux de l'aura, les émotions confuses, la peur, le rejet de soi, le fait de négliger ses propres limites jusqu'à ce que l´on ne sache plus différencier entre l´agréable et le désagréable ou ce qui nous ne convient pas, sont capables d´ attirer des énergies vampiriques qui se nourrissent des énergies négatives. Certains individus sous ces influences font même bonne impression ou ils sont particulièrement attrayants, ce qui est trompeur. Derrière la façade, il y a une tendance à la manipulation ainsi qu'à des comportements destructeurs et énergétiquement affaiblissants.

La majorité des personnes qui drainent de l'énergie ne sont pas nécessairement motivées par de mauvaises intentions. Au moins au niveau conscient. Cependant, elles vous laissent fatigué, épuisé, confus et désorienté au point que vous ne savez plus exactement qui vous êtes ou ce que vous voulez. Mais elles, elles se sentent bien et ils vous en feront part aussi : « Oh, comme je me sens bien maintenant ! Au revoir".

Dans ce cadre, j´aimerais expliquer ce qui se passe durant le processus du vampirisme. De temps en temps, nous nous transformons en petits vampires : lorsque nous sommes nous-mêmes fatigués, malades, insatisfaits ou lorsque nous ne pouvons jamais être seuls et que nous avons toujours besoin de gens autour de nous, pas seulement de bons amis, mais simplement quelqu'un, même n´importe qui. L'essentiel est qu'il y ait une source d'énergie. Peut-être sommes-nous très affectueux ou nous voulons toujours faire des câlins. Plus on se fait petit, plus on doit compenser et chercher l'équilibre à l'extérieur. L'équilibre énergétique est la chose la plus naturelle au monde. La nature recherche constamment l'équilibre : là où il y en a trop, on va le partager et l´offrir là où il y a carence. Afin de maintenir la balance, l'échange d'énergie est équilibré. Les personnes malades sont en recherche de force, les personnes en bonne santé aiment la partager dans leur travail avec leurs compétences, mais aussi énergiquement. Dans ce cas, il ne s'agit pas de vampirisme, car il permet un flux d'énergie sain et équitable basé sur le donnant-donnant et le consentement implicite. Les quantités et aussi la fréquence sont toutefois problématiques.

Quelqu'un qui est enclin à être accro aux énergies des autres les "utilisera" et sera insatiable. Cette personne est parfois elle-même aspirée énergétiquement : inconsciemment, elle est en résonance avec des entités non incarnées. Ce sont les parasites émotionnels.

Un manque de respect de soi, une tendance à commettre des actions et entretenir des relations malsaines et toxiques, des habitudes autodestructrices et toutes sortes de dépendances attirent à leur tour les personnes malsaines et déséquilibrées. La culpabilité et la honte refusent d'honorer le respect de soi intrinsèque en chaque être. Ce sens de dignité sert non seulement à la survie, mais aussi au mode de vie, à la façon dont nous vivons et chérissons la vie qui nous a été donnée. Le plus beau cadeau que nous puissions jamais recevoir, la seule chose que nous soyons et que nous ayons : la vie elle-même en sera méprisée. Et donc la fréquence humaine se voit réduite au lieu de l'élever et de l'augmenter. Se faire petit énergétiquement force l'autre personne soit à en faire autant, soit à compenser en s'identifiant à l'ego.

Ce comportement repose par exemple au cœur de l'intimidation appelée « mobbing ». De manière subliminale, la personne harcelée « force » l'autre personne à se comporter comme un « tyran ». Bien sûr, les victimes de harcèlement ont besoin d'aide et de justice, mais elles profiteraient également d'un aperçu de leurs mécanismes inconscients. Tant qu'elles ne comprennent pas qu'elles sont elles-mêmes à l'origine de leur situation de par leur soumission, elles répètent involontairement le jeu d'intimidation dans le futur. Le mécanisme met en mouvement un modèle auto générant inconscient. En même temps on en exclut entièrement les effets, c'est-à-dire les réactions des autres. Ceci n'est en aucun cas destiné à excuser les "intimidateurs" ou les prédateurs. Mais les deux rôles deviennent complémentaires et peuvent être répétés dans différents endroits, avec presque n´importe qui, dans n´importe quel environnement. Il est donc extrêmement important de comprendre les mécanismes derrière ce comportement. Il y a un besoin intrinsèque d'être aimé et accepté. L'attente est placée à tort sur l'extérieur et sur les autres. Ce qui ne peut pas fonctionner s'il n'y a pas d'acceptation de soi à l'intérieur. Et ce pour la simple raison qu'il ne peut y avoir de résonnance. Ramper sur le sol ne vous rend pas adorable. Au contraire, l'humiliation est une négation de l'étincelle divine intérieure. D'ailleurs, nous ne sommes pas là pour plaire à tout le monde. On ne peut pas compter dessus, car chacun possède des spectres de résonance très différents avec ses semblables. Chaque être est unique. Le respect et l'estime s'appliquent à tous sans exception non seulement en tant que droit fondamental, mais aussi par compassion. Les affinités avec certaines personnes sont des dons d'amitié, de coopération enrichissante, d'amour et de soutien, pour lesquels nous devrions être infiniment reconnaissants. Nous découvrons également beaucoup de choses sur nous-mêmes et sur l'existence humaine grâce aux personnes avec lesquelles nous vivons des conflits. En toute justice, nous devrions également les remercier.

Si nous décidons de créer un équilibre en cultivant le respect de nous-mêmes, nous augmentons la vibration de notre bien-être ainsi que la bienveillance envers nos semblables. La vie reprend sa vraie splendeur. Et notre aura scintille dans le monde.

c) Autogestion et limitations émotionnelles

La peur des propres émotions inhibe l'expression de soi. Et pourtant, nous devons réaliser qu'elles nous appartiennent et que nous les avons nous-mêmes créés. Elles sont là pour nous donner un retour sur notre état, tel un guide et comme un enrichissement sur notre chemin de vie. Si nous les acceptons, elles peuvent agir comme des alliées et nous accompagner dans notre développement spirituel et encore davantage comme nous le verrons plus tard.

Oui, découvrir l'abîme intérieur peut donner à réfléchir. Lorsque nous exposons notre colère, notre impuissance, notre dédain de nous-mêmes et d'autrui ainsi que d'autres sentiments négatifs, cela peut surprendre l'aspect externe de notre être, c'est à dire notre personnalité. Elle s'est forgée une « bonne » image d'elle-même. Même avec un manque d'estime de soi, elle présentera une apparence adaptée et fonctionnelle à son entourage. Tout le monde se considère « comme il faut », ou « quelqu'un de bien » sinon on ne pourrait pas continuer à vivre avec soi-même. C'est passable pour la vie de tous les jours. Mais il y a des moments de vérité. Peut-être en s'endormant, quand on passe revue de la journée. Peut-être à l'occasion d'une petite crise de vie ou un matin où nous avons du mal à nous regarder dans le miroir. Un jour où nous nous faisons vraiment face, seulement pour un instant, avant de rapidement détourner le regard. Regarder ailleurs afin d´éviter le désagréable, ce que nous rejetons en nous-mêmes, ce que nous refoulons en essayant d´y échapper. Dommage. Parce que certaines des choses que nous ne voulons pas affronter pourraient se révéler être notre propre monstre intérieur. Cela pourrait même nous libérer et nous faire enfin sortir de l'assujettissement. En outre et dans le meilleur des cas, ce moment pourrait signifier le début d´un certain travail de conscience sur soi. Cependant, il est important de ne pas tomber amoureux du monstre que nous avons manufacturé nous-mêmes ou de s'identifier à lui. Non, nous sommes trop précieux pour cela. Oui, regardez-le, découvrez-le, mais s'il vous plaît, allez de l´avant, car les humains sont constitués de bien plus que de simples tendances destructrices. Ces dernières veulent être transformées afin de submerger la négativité par la lumière et qu'elle devienne elle-même lumière et force vitale. La négativité est une énergie primordiale qui a été endiguée et déformée. Elle veut se remettre en mouvement, reprendre vie. Mais tout d'abord, la confrontation avec le blocage est nécessaire. Pendant la transformation nous commençons - au niveau du subconscient - par le grand nettoyage de la cave. Car c'est le meilleur moyen d'accéder au grenier — au niveau du superconscient - avec la belle vue sous les étoiles.

Dans tous les cas, une bonne dose d'humour est de mise. Pouvoir sourire, ou rire de soi, est libérateur et transformateur. L'humour a une couleur vert olive : il rend tout plus lisse et plus glissant, comme l'huile d'olive dans le tube digestif. Il fait couler la bile et nettoie tout en chemin pour que nous puissions excréter ce qui ne nous sert plus en termes d'habitudes, d'image de soi et de vision du monde. L'humour donne aux sujets mortellement sérieux un peu de légèreté, de distance et un soupir de soulagement afin qu'ils puissent développer une autre perspective et ainsi se distancer de leur propre impact émotionnel. D'ailleurs, la négativité n'aime pas du tout ni le rire, ni l'humour, ni la légèreté, ni la joie de vivre. Le négatif s'échappe alors car cela signifie qu'il ne trouvera là dorénavant aucune nourriture. Ce qui se nourrit d'émotions déformées et tordues se dissoudra à la longue, lorsqu'il n'y aura plus de résonance. Priver la négativité de sa nourriture malsaine (peur, haine, mauvaise humeur, papoter sur des autres) : ce serait un programme de changement mondial, n'est-ce pas ?

Un premier aperçu important : nous ne sommes pas seuls dans le marais bouillonnant. Chacun est confronté à ses émotions. Comme nous n'apprenons pas à faire face à notre potentiel émotionnel à l'école, nous luttons avec lui, avec plus ou moins de succès tout au long de notre vie, parfois même au point de tomber malade. Sourions donc et rions même librement en lisant ce premier aperçu. Le joyau humain est enveloppé et caché au plus profond des vieux manteaux. Ici, nous enlevons une couche à la fois jusqu'à ce que nous arrivions à l'essentiel. Il se peut que cette prise de conscience ne nous apporte au début aucune consolation. Et pourtant, avec notre émotivité négative, cela ne nous rend ni pires ni meilleurs que les autres. Il y a déjà une détente et le cœur s'ouvre à la compassion pour nous et pour les autres. Inspirons profondément avec la fenêtre ouverte et expirons bruyamment et aussi longtemps que possible.

Maintenant, il y a moins de charge dans le corps émotionnel et par contre le corps physique est plus détendu. C'est un bon prérequis pour la deuxième étape qui consiste à gagner une certaine distance.

Il y a une partie importante du thème de la démarcation et de la délimitation qui concerne l'espace, le concept de spatialité subtile ainsi que le temporel. Dans ce qui suit, j'explique progressivement cette approche à l'aide d'exemples.

Si nous nous sentons dépassés par le temps et par le rythme de nos semblables, nous avons la possibilité d'instaurer un frein protecteur afin de prendre une décision sans aucune hâte tout en réfléchissant au pour et au contre. Au début, alors que nous tentons d'établir des limites plus claires, il peut être utile de choisir quelques phrases, toutes prêtes, auxquelles nous aurons facilement recourt. Par exemple, examinons les questions ou constellations suivantes de la vie quotidienne, quand elles nous prennent au dépourvu et nous mettent sous pression et exigent une décision immédiate :

-   "Tu viens quand tu veux, demain ou après-demain ?" (Faites une pause, faites appel à votre ressenti : est-ce que j'ai même envie d'y aller ?)

- "Peux-tu me prêter 200 ou 250 euros pour le week-end ?" (Faites une pause et réfléchissez : est-ce que je suis en état de prêter de l'argent ? Une telle somme ?)
- "Vous faites comme vous voulez, mais vous pouvez aussi signer maintenant, ainsi ce sera fait". (Avant de signer, informez-vous, pesez le pour et le contre, lisez entre les lignes, n'ayez pas peur de poser des « questions stupides » même si vous donnez l´impression d´être maladroit ou impopulaire ».)
- "C'est comme ça et pas autrement, il n'y a pas d'autre possibilité, il faut faire cela comme ça." Ce n'est pas vrai. Beaucoup de choses se passent en fait différemment de ce qu'on veut nous faire croire ! Devenez proactif et autodéterminé. Montrez également la volonté de renoncer complètement à l'affaire si la situation ne répond pas exactement à vos attentes. Quitte à vous faire entendre et vous faire remarquer si nécessaire.

Précisément parce que nous n'avons jamais appris à vraiment être nous-mêmes et à maintenir notre propre énergie, nous nous laissons berner et croyons qu'il n'y a pas d'autre moyen et que c'est comme ça. Ne pas être soi-même, ne pas être présent dans le corps signifie tout de suite que nous ne sommes pas centrés. Notre aura est trop ouverte et notre attention est fixée sur autrui au lieu d'être ancrée dans notre propre espace. De cette façon, nous assumons sans filtre ce que l'autre veut et ce qui est avantageux pour lui. La question se pose : est-ce que c´est ce que je veux ? Est-ce que c'est bénéfique pour moi ?

Je tiens à souligner que la manipulation se fait à grande et à petite échelle, dans la sphère privée comme à l'échelle planétaire, car nous l'autorisons inconsciemment. Des problèmes tels que la peur, la manipulation, l'abus de pouvoir surviennent parce que nous ne sommes pas perspicaces et ne comprenons pas leurs mécanismes. La conséquence de cela est que nous nous adonnons à ces jeux de pouvoir, que nous en devenons victimes et que nous profitons aussi de ces jeux nous-mêmes, en bernant les autres. Si nous devenons conscients et que nous décelons les ficelles du jeu nous pouvons reprendre notre pouvoir et notre force. Cela nécessite la volonté d'examiner honnêtement son propre comportement et de le modifier soigneusement. Pas à pas, car la manipulation et le chantage sont de vieux modèles dont on abuse sur cette Terre depuis des lustres.

Revenons à nos exemples pratiques. Nous voulons d'abord être présents, pour cela nous sentons nettement nos pieds sur le sol ou le siège sous nos fesses. Nous sommes présents dans notre corps et nous enregistrons nos sentiments. Est-ce que la situation est fluide ou est-ce que nous devenons tendus ou mal à l'aise quand nous l'envisageons ? Parfois, nous sommes si peu entraînés à l'introspection que nous ne savons pas ce que nous ressentons. L'alarme se déclenche. C'est précisément là qu'il est urgent de prendre le temps et l'espace de le ressentir. Je suggère les phrases suivantes, afin de gagner du temps et de l'espace pour réfléchir

-     "Je vais y réfléchir

- "Je vais te contacter"
- "Je te rappelle dans deux jours"
- "J'ai actuellement d'autres tâches et d´autres priorités."
- "Je tiens à me concerter avec ma voie intérieure et écouter ce qu´elle me dit. Je veux faire la part des choses. Je vais me renseigner d´abord."
- "Je veux voir quand ça me convient."
- "J'ai besoin d´un peu de temps."
- "Nous en reparlerons plus tard."

Bien entendu, vous utilisez la formule qui vous convient. Il est préférable d'utiliser vos propres substantifs ou même votre dialecte, si vous le souhaitez. C'est notre préoccupation personnelle et nous voulons être précis. Nous choisissons quelques-unes de ces phrases et nous les préparons pour des situations inattendues avant de nous laisser dépasser et forcer à faire des choses qui ne nous conviennent aucunement. Immédiatement, nous pouvons mieux respirer et nous prenons notre temps. Ensuite, nous pouvons diriger notre attention vers « l'émotionnel » : qu´est-ce que la suggestion déclenche, intuitivement au niveau de l'estomac, au plexus solaire, dans le cœur, dans l'aura ou à l´endroit du corps où le retour est le plus clair pour nous. Un sentiment chaleureux, nourrissant ou prolongé est interprété comme cohérent et invitant à se pencher sur l´idée. En revanche, une impression étroite, un vide, une pression, une peur ou un inconfort quelconque peuvent être classés comme un manque de résonance, comme non bénéfique ou inutile. Vient ensuite le traitement mental, que nous décrivons au chapitre 5 « Délimitation au niveau mental ». Nous réfléchissons alors logiquement et analytiquement sur le sujet donné.

Bien sûr, nous n'avons pas besoin d'un journal de bord pour décider si nous voulons prendre un thé ou un café ! Mais commençons impérativement par un exemple simple afin de déchiffrer notre réaction énergétique en choisissant un sujet sans conséquences graves.

Il s'agit de pénétrer dans votre propre espace d'autodétermination et de séjourner dans la dimension émotionnelle qui se présente actuellement. Au fur et à mesure, nous serons en état de prendre une décision immédiatement grâce à la rétroaction énergétique rapide que nous aurons développée. Cela vaut la peine de faire cet exercice pratiquement, dans la vraie vie, même si cela irrite certains. Peut-être sentent-ils à quel point le pouvoir sur leurs semblables leur échappe alors qu'ils se sont autorisés à gérer la vie des autres et à prendre des décisions pour autrui. Dans une telle situation, nous restons fidèles à nous-mêmes, nous nous en tenons à nos plans et prenons nos distances en nous retirant, nous permettant ainsi de jouir de la paix et de la sécurité dans un endroit où nous pouvons régénérer notre force et notre pouvoir.

En fait, nous ne voulons pas seulement nous permettre le recalage temporel, mais nous voulons également redéfinir notre aspect d'espace énergétique et matériel, si nécessaire.

Afin de contrer le dépassement de nos limites ou les intrusions aux confins de nos limites, nous prenons la liberté non seulement de créer une distance saine, mais aussi de reprendre possession de cet espace personnel. Et cela peut signifier que nous devons nous retirer ou même faire une pause dans notre relation à autrui. Il est important de reconnaître ce fait et d'informer la personne concernée. Nous n'avons pas à nous justifier : il suffit de dire que nous avons besoin d'un certain temps et que nous la contacterons lorsque la décision sera prise ou la solution trouvée. Cet espace est le prolongement de notre aura. Il agit comme une interface entre le monde intérieur et la dimension extérieure. C'est notre manteau protecteur qu'est l'aura dans la structure espace-temps de notre individualité. Ses contours doivent être propres et lisses, mais aussi souples. Il est logique d'apprendre à prendre soin d'eux tout comme nous nettoyons notre corps physique régulièrement. Dans le cadre d'une lecture d'aura et d'une purification d'aura, vous pourrez bénéficier de conseils personnalisés ainsi que d'un travail énergétique en fonction de vos besoins du moment.

Voici maintenant une technique de protection dont vous pouvez profiter. Nous utilisons une de nos mains avec l'intention appropriée de délimiter notre espace. Pour achever ceci, nous visualisons comment maintenir à distance les énergies ou les propos d'un attaqueur en tenant une main avec la paume dirigée à son encontre. L'intention est claire et nette : il reste en dehors de notre champ subtil, de notre aura. L'accent est toujours mis sur notre centrage et sur le mouvement de notre main vers l'extérieur. Nous repoussons quelque chose que nous gardons en dehors de notre champ protecteur. Dans cette position indiquant stop ou "arrête", nous étendons calmement mais de façon décisive notre bras. De plus, il est possible de répéter une affirmation sur un ton déterminé, par exemple :

"Jusque-là et pas plus loin"

"Mes frontières sont sûres et saines"

"Mes limites sont toujours respectées par tout le monde"

"Je fixe mes propres limites"

"Je suis ouverte et aimable grâce à mes limites saines"

Comme toujours, nous choisissons l'affirmation appropriée et nous l'adaptons à nos besoins concrets. Ainsi nous pouvons réagir de manière cohérente et assumer notre responsabilité en gérant nos émotions.

Nous pouvons également utiliser nos mains pour dépouiller notre corps des influences indésirables de haut en bas. A la fin, les mains sont secouées vers la terre. Si nécessaire, nous nous débarrassons également de certaines charges émotionnelles qui assiègent certaines parties du corps. Par exemple, un attouchement indésirable. Nous saisissons la masse envahissante de l'émotion avec nos mains et nous la jetons à terre, où elle sera transformée. Grâce cette méthode, nous pouvons également nous libérer de nos propres sentiments négatifs : par exemple de la colère dans l'estomac, le mutisme au niveau de la gorge, etc. Je tiens à souligner que ces techniques, même si elles peuvent être d'une grande utilité immédiate, ne se substituent en aucun cas à un travail thérapeutique en profondeur. Le deuxième point concerne la gestion des énergies indésirables. Souvent elles ne sont pas forcément négatives, mais elles ne nous servent plus ou bien elles ne conviennent plus à présent. Cela doit être reconnu et exprimé. Comme pour les déchets matériels, nous sommes responsables de la manière dont nous les éliminons. Nous ne renvoyons pas non plus de mauvaises énergies à la personne qui, nous supposons, nous les a fait parvenir. Car nous sommes plus intelligents et surtout plus conscients des implications éthiques des émotions, des pensées et des actions. Le déferlement destructeur des émotions se dégage dans la terre. C'est là qu'il est important de s'ancrer de façon concrète et de se sentir en même temps enveloppé par l'amour de la Terre Mère. Car c'est précisément sur cette planète que le défi est de vivre le véritable amour : l'amour de notre essence véritable et inhérente, tout autant que celle des autres. S'il vous plaît, n'ayez aucune crainte ou jugement en ce qui concerne Gaïa : non, elle ne se sentira pas mal à cause de notre haine, de nos peurs, de notre impuissance, de notre stupidité. Elle s'y est habituée depuis longtemps ! Elle est tout à fait en mesure de les gérer et de les transformer. Ce qu'elle n'aime pas du tout, ce sont les chemtrails, les bombes atomiques et toutes sortes de rayonnements électromagnétiques qui agissent comme un four sur les êtres vivants (Haarp, 5G et autres équipements de guerre électroniques). La cupidité à grande échelle, la destructivité, la suppression de la conscience humaine et ainsi de suite : ce sont aussi les choses qui sont nocives à la Terre ainsi qu´à ses habitants et à ceux d´autres planètes.

En outre, je voudrais suggérer un exercice efficace pour renforcer et purifier l'aura, à la fois de ses propres débris ainsi que de ceux accumulés à divers endroits et provenant d´autres personnes. Notre aura est notre manteau protecteur. Si ses contours sont trop fins, s´ils sont souillés et s'ils contiennent encore quelques vieilles blessures ou problèmes non résolus, leur fonction de protection n'est pas optimale. Imaginons que nous enlevions notre manteau et que nous le secouions comme il faut. Un vent frais souffle à travers le tissu. Les couleurs sont régénérées. Secouez-le à nouveau correctement : cette fois-ci, le tissu est rénové et la coupe est mise au goût du jour. Le style et le tissage sont maintenant adaptés à nos besoins actuels. Nous revêtons maintenant le nouveau manteau et nous pouvons même l'ajuster pour qu'il remplisse parfaitement sa tâche. Prenons le temps de ressentir cette protection très individuelle : le tissu respire mais il offre une bonne défense faite sur mesure contre les intrusions. Prenons le temps de ressentir la gratitude pour le sentiment de bien-être qui se propage lorsque nous nous sentons en sécurité. En été, nous portons une robe légère en fibres protectrices spéciales : soie, chanvre ou coton. Le lin a également de bonnes vibrations ou nous pouvons fabriquer notre propre mélange de tissus. Les fibres naturelles sont traditionnellement reconnues pour apporter une protection énergétique excellente. Des techniques élaborées de soins et la protection de l'aura sont enseignées en aurathérapie. Voir mon livre : « AURATHÉRAPIE POUR MÉDECINS, THÉRAPEUTES ET COUCHES INTÉRESSÉES - MANUEL PRATIQUE ET THÉORIES ».

Maintenant, nous voulons intégrer la qualité changeante des émotions et la capacité de les différencier de manière significative. En tant qu'âmes éternelles, nous sommes au-dessus des changements émotionnels : l'âme est indestructible et infinie, les sensations fluctuent, vont et viennent. Même si elles nous donnent l'illusion de nous submerger, nous savons que la vague va s'éloigner à nouveau. Et maintenant, nous expirons dans un long souffle libérateur. Et encore une fois, en insistant sur l'expire. C'est une bonne préparation afin de maîtriser l'émotion dans cet exercice. Pour suivre cet exercice, j'encourage chacun à choisir un défi actuel personnel. Nous voulons d'abord nommer l'émotion : s'agit-il de peur, de colère, d'agressivité, d'impuissance ? Nous donnons un nom à cette vague d'émotions. La dénomination crée un espace entre elles et ma personne. Je ne suis pas la peur, mais j'ai peur. Dans un premier temps, c'est le pré requis que nous sommes désormais en état de contrôler ces impressions sensorielles. Retournons à l'eau et à ses différents stages : on compare l'émotion à un bloc de glace, à un geyser, à une source dangereuse, à un torrent de montagne, à un lac bouillonnant, à une crue montante : STOP ; nous avons un clavier en nous, avec lequel nous contrôlons l'écoulement de l'eau. Ainsi nous stoppons le débordement émotionnel et nous commençons à travailler avec l'élément eau. Nous prenons le pouvoir et la responsabilité de l'état de cette eau. En fait, cela n'a rien à voir avec qui que ce soit, autre que nous-mêmes. C'est un fait. La source chaude, islandaise, bouillonnante (beaucoup de colère !), l'étang de barrage avec de l'eau stagnante nauséabonde (dépression et léthargie), le bloc de glace (froid constant jusqu'à l'engourdissement), s'il vous plaît, considérez honnêtement et de manière décisive l'état de l'eau en vous à ce moment présent. Car celui-ci symbolise un état reflétant notre ressenti émotionnel actuel. Merveilleux, nous nous en félicitons ! En conséquence, nous regagnons notre pouvoir, au lieu de nous comporter comme des êtres affaiblis et gérés à distance. Ces paysages aquatiques font partie de nous individuellement, ainsi que les vagues d'émotions qu'ils reflètent. Nous venons d'acquérir des informations importantes sur nous-mêmes. Dans l'étape suivante, nous considérons le pouvoir et la puissance contenus en nous. Quelle force naturelle se trouve en nous ! Ce pouvoir pur appartient à tout le monde. Et il veut être alloué intelligemment, de manière responsable et utilisé pour le plus grand bien. Oui, cette force est énergie pure en elle-même. Elle est à notre disposition. Cependant, nous nous conduisons de façon ignorante et nous la laissons couler dans n'importe quelle direction. Alors, nous allons nous rattraper maintenant. Oui, s'il vous plaît, laissons nos sentiments couler librement. Laissons faire quand quelques larmes coulent. Non seulement notre vulnérabilité peut s'exprimer, mais l'eau salée des larmes purifient, soulage et libère. L'étang stagnant est nettoyé et forme des canaux qui se répandent dans le paysage. Le geyser islandais est transformé en source thermale curative. Le bloc de glace fond et chacun peut ressentir la sécurité et l'affection qui y étaient enclos. Nous ne pouvons pas nous permettre de nous sentir à la merci de nos sentiments. C´est comme si nous donnions notre place et notre force dans les mains de notre bourreau. Nous savons maintenant ce qui nous appartient vraiment et ce que nous avons à récupérer et nous signons un contrat avec nous-mêmes.

Je soussignée …….(votre prénom et votre nom)…………… être prête à reprendre ma force primordiale, ma puissance inhérente, ma vitalité originelle, mon authenticité, ma beauté. (Merci pour votre précieuse contribution.)

Encore un petit paragraphe sur "Le numéro un des émotions négatives" : la peur. On sait ce que c'est : souvent c´est un masque vide fait de papier mâché. On peut symboliquement remodeler l'énergie qu'il dégage lors d'une étape de transformation comme avec le fluide aquatique. Toutefois, ne craignez rien : j'ai ici un appareil avec un bouton qui peut la régler en tournant à gauche ou à droite. Cela régule l'intensité de l´émotion. Pour cela nous avons besoin d'un peu de patience, car non, nous n'éteignons pas complètement la peur, mais nous allons la réduire progressivement. Alors s'il vous plaît, pas de travail superficiel car nous voulons réaliser une transformation en profondeur. Tout d'abord, assurons-nous que la peur est porteuse d'un avertissement que nous devons prendre au sérieux. La peur possède aussi un côté positif qui peut être utile et protecteur. Ensuite, nous tirons la conclusion appropriée. Imaginons maintenant une petite portion de cette peur. Une petite quantité que nous pouvons manipuler en toute confiance, comparable à une dose homéopathique. Devant nous, se trouve l'appareil spécial, un peu vieillot avec le bouton, mais il a fait ses preuves. À savoir, il peut affecter l'intensité de la peur. Nous voulons la réduire, donc nous tournons lentement le bouton vers la gauche. Très lentement, s'il vous plaît, car nous voulons vraiment sentir comment la peur se minimise, la respiration se régularise lentement et devient plus régulière et comment la circulation sanguine se propage jusqu'aux orteils. Nous avons l'impression de devenir plus grands et l'aura s'élargit. Peut-être même qu'un sourire se dessine sur notre visage. Expirons enfin et prenons de nouveau une grande respiration ! Nous pratiquons des petites mesures ciblées et cohérentes. Jusqu'à là nous avons gagné en courage. Nous sommes présents et souhaitons compléter l'expérience. Nous voulons d'abord tourner le bouton très délicatement vers la droite, seulement un minimum. La peur augmentera doucement, tout doucement. Immédiatement, cependant, nous tournons de nouveau le bouton vers la gauche, encore plus loin en arrière qu'auparavant : quel soulagement ! Alors que nous répétons l'exercice, la peur continuera à se dissiper. Cette technique énergétique nous montre que nous sommes capables de maîtriser la peur. Nous en sommes maîtres et à ce point, nous voulons la transformer utilement. Nous sommes des alchimistes. Notre prochaine tâche est de décider quelle émotion nous souhaitons. De quoi avons-nous besoin ? Affirmation de soi, patience, confiance en soi, acceptation de notre être, de quelles autres qualités ? Nous convertirons la peur en l'énergie choisie. C'est à nous d'en déterminer le grade. Voici comment cela fonctionne : d'abord, nous devons être convaincus que nous en sommes capables. Pour la bonne raison que nous sommes maîtres de notre maison, de notre aura. Non seulement, nous pouvons réduire la peur, mais nous pouvons même la transformer en une force qui nous est bénéfique. Ça, c'est de l'écologie, n'est-ce pas !

En résumé : Comment convertir la peur en une qualité choisie par vous-même : tournez d'abord le bouton lentement vers la gauche pour la faire diminuer - ressentez vraiment comment la peur est réduite. Peu après, quand vous êtes prêt, tournez le bouton dans le sens des aiguilles d'une montre et respirez les sentiments positifs avec une affirmation que vous aurez conçue individuellement. Répétez s'il vous plaît ! Ces deux temps sont suffisants pour le moment car nous faisons des petits pas sûrs et facile à intégrer. Le plus important se trouve encore devant nous : nous devons maintenant exercer cette méthode de manière pratique et ciblée dans notre vie de tous les jours. Par exemple, nous décidons de partir de notre peur pour la transformer en authenticité. Nous voulons maintenant vivre cela concrètement et devenir réellement plus véridiques et authentiques. Avec chaque exercice, nous nous rapprochons de la maîtrise. Surtout, nous devenons plus sincères et vibrons de plus en plus en harmonie avec notre vrai moi. Notre charisme s'étend avec bienveillance dans le monde et contribue à l'ensemble du collectif.

Une autre activité énergisante est l'exercice physique du sport, les méthodes énergétiques (tai-chi, yoga) ou l'activité physique régulière (gymnastique). Le plus important est de trouver la meilleure motivation pour en profiter vraiment. Sans elle, cela devient une torture en produisant un conflit interne qui ne peut jamais conduire à une saine démarcation. La joie de se dépasser, d'aller aux delà de ses limites, la confiance en soi, les résultats visibles et tangibles, nous fournissent un retour positif de l'aspect physique de notre être.

d) Les sentiments créateurs

Même si la fascination pour les sentiments varie d'une personne à l'autre, elle reste une qualité humaine particulière. Elle est recherchée, exaltée, évitée, supprimée, exploitée et manipulée dans la littérature et la poésie, dans la publicité, en psychologie et dans diverses méthodes thérapeutiques.

Notre dimension émotionnelle façonne notre vie intérieure ainsi que nos décisions et nos actions. Qu'elle soit réservée ou plutôt expressive, l'ambiance principale prévaut comme la propre signature de notre aura. Le corps émotionnel irradie son « cocktail de sentiments » personnel dans le monde, où il cherche une connexion en résonance avec des équivalences. Ce qui à son tour attire les personnes, les événements et les lieux qui y correspondent. Nous sommes liés à tout ce que nous vivons. « Est-ce que ceci a quelque chose à voir avec moi ? » Cela est-ce une question courante ? La réponse est oui, de près ou de loin. Il est important de le reconnaître d'abord et de se rappeler ensuite que nous sommes responsables de nos décisions. Fondamentalement, l'histoire humaine est aussi notre histoire. C'est précisément dans ce cadre que nous avons le devoir de mener une vie digne envers nous-mêmes et envers l'humanité entière.

Le problème, c'est que nous n'avons pas appris à gérer nos émotions. On a instinctivement envie d'en faire l'expérience (le beau), d'en éviter d'autres (le désagréable). C'est le monde superficiel du soi-disant « positif » et « négatif » qui conduit à une « vie confortable » pas très différenciée avec ses « maladies de civilisation ». Dans la plupart des cas, nous n'avons pas d'autre choix que de traiter nos sentiments comme notre famille l'a fait. Tant de comportements inappropriés sont transmis sans discernement. Notre côté sentiment est généralement occupé par la honte, la culpabilité ou même une fascination pour le malsain. Et je laisse la sexualité hors de l'image ici parce que la vie affective et sexuelle est un sujet si puissant en soi qu'elle « dépasse les limites de notre démarcation ». La psychothérapie a énormément contribué à ce que notre vie affective soit acceptée et incluse dans le cadre quotidien, mais elle est à son tour exploitée et programmée par de nombreuses méthodes psychologiques. La famille, l'éducation, la religion, les séries télévisées, l'industrie du divertissement et la littérature pour la jeunesse influencent et caractérisent le traitement des émotions de manière plus ou moins manipulatrice. La personne qui a tendance à être extrovertie et à intérioriser les règles de conduite plus ou moins tacites, sera considérée comme adaptée et prévisible. Elle peut être très agréable au quotidien « aimée de tous », comme on dit souvent. Mais si elle ne s'est pas permis de confronter sa profondeur et si elle ne l'a pas explorée, elle reste dans une superficialité préprogrammée. Elle est prévisible, appauvrie d'un ressenti plat et ne soupçonne même pas la richesse infinie du monde émotionnel qu'elle porte en elle-même. Il n'est pas rare qu'une crise de vie brise l'image de soi imposée de l'extérieur et restreinte. En faisant éclater la vie émotionnelle formatée, la crise d'identité révèle à la personne une facette complètement différente et refoulée jusqu'alors. A ce stade, il y a souvent une confrontation avec notre côté obscur et ombrageux, un aspect que nous avons tendance à supprimer dans le fonctionnement quotidien.

Plusieurs tâches nous attendent devant cette dimension émotionnelle : l'acceptation et le renversement des énergies inefficaces, la capacité à se rencontrer avec un regard plus différencié et l'interprétation des messages émotionnels. Nous considérons ces tâches dans le chapitre suivant : "La délimitation au niveau mental".

Ce dont nous voulons prendre conscience ici, cependant, est le pouvoir créateur des sensations émotionnelles et la façon dont elles colorent notre réalité. Elles sont comme une lentille que nous portons tout le temps, toutefois sans la considérer, et en ignorant son facteur d'influence flagrant. Comme on le sait, les lunettes roses façonnent notre expérience avec optimisme et légèreté, amabilité et convivialité. En revanche, les lunettes noires attirent des expériences douloureuses et décevantes car elles activent nos « filtres plus sombres » sans se faire remarquer. Les « lunettes » que nous portons agissent comme un catalyseur. Nous négligeons les lunettes que nous portons toujours sur le nez et pensons que nous voyons les choses telles qu'elles sont. Notre paysage de sentiments intérieurs façonne le monde extérieur, bien au-delà de ce que nous pouvons nous rendre compte. Les expériences stockées dans le corps émotionnel projettent leurs ombres ou leur lumière sur l'environnement. Elles vont avoir tendance à se répéter pour attirer l'attention sur leur contenu. Dans le but de le rendre conscient. Concrètement, elles parcourent un certain cheminement, du blocage inconscient à une focalisation claire, ce qui peut signifier à la fois libération ou rédemption. C'est le processus de guérison. Dans le meilleur des cas, accompagné de changements positifs, tels qu'une plus grande estime de soi et l'abandon de comportements généralement nocifs et autodestructeurs. Après cette transformation introspective, une réalité nouvelle et régénératrice peut être créée.

Ce qui est insidieux dans le pouvoir créateur des émotions, c'est qu'il est constamment à l'œuvre. Que ce soit consciemment ou inconsciemment, la pensée / ressenti engendre des mondes émotionnels même dans l'état de sommeil. Parce que là, nous visitons des espaces variables d'autres dimensions. C'est pourquoi il est important de s'endormir avec des sentiments positifs. Nous les emmenons dans le sommeil où nous répétons nos futurs développements, comme le musicien s'exercice sur des mélodies variée. Là, nous rencontrons des dimensions qui résonnent avec nos verres de couleurs respectifs. Beaucoup d'entre nous ont fait l'expérience de s'endormir de mauvaise humeur et avec des ressentiments et de se réveiller le lendemain matin dans un état similaire, sinon pire, que nous gardons ensuite toute la journée. Stop ! Il est temps de comprendre ce processus et de changer de perspective ! Un dépaysement peut être utile, mais souvent non seulement un travail psychologique est nécessaire, ainsi qu'une transformation au niveau philosophique et finalement spirituel. Persister dans des émotions négatives et à un niveau vibratoire bas a un effet durable sur l'état de santé et peut être le déclencheur de maladies, comme cela est reconnu dans les domaines psychosomatiques et en psycho-immunité.

Je ne veux pas dire par là que seules les personnes hautement intellectuelles peuvent profiter d'un style de vie bénéfique. Parfois, utiliser des concepts complexes est un obstacle, surtout si vous avez du mal à les mettre en œuvre. Non, au contraire. Les personnes dites « simples » qui restent fidèles à elles-mêmes et suivent leur propre chemin de manière claire et indépendante peuvent être de merveilleux modèles d'inspiration. Elles font partie des « humbles qui n'ont pas d'histoire ». En fait, ce sont des gens très intéressants. Mais ils ne se plaignent pas, ils ne se disputent pas et ne perdent pas de temps avec des platitudes. Ils vont leur chemin avec courage, en liberté et d'une façon inébranlable. Ils tirent systématiquement les conséquences de leurs découvertes ou de leurs réflexions, en les mettent en œuvre dans leur vie de tous les jours. Ils vivent en harmonie avec leur âme. Et ainsi, ils sont en paix avec eux-mêmes et avec le monde.

Faisons la paix avec nos propres sentiments. Leur rôle de contrôle dans notre bien-être ainsi que dans la réalité que nous créons comme par exemple, celle de notre "jardin intérieur" est une tâche importante que nous négligeons trop souvent. Le concept de « jardin intérieur » emprunté de la Sagesse Orientale s'applique à notre capacité de créer notre réalité, en alignement avec un « travail sur soi » constant, qui inclus notre consensus personnel et humain. De même que le jardinage requiert une régularité efficace et sensible pour créer une magnifique oasis naturelle à la végétation florissante, il est de notre responsabilité de comprendre notre monde émotionnel et de le vivre au quotidien dans son aspect de guide et de créateur.

Nous explorerons cette mission dans le chapitre suivant.

5. DÉLIMITATION AU NIVEAU DES PENSÉES

        a) Fréquence de pensée
        b) "Je pense donc que je suis"
        c) Nous sommes ce que nous pensons
        d) La pensée juste
        e) Constellation : victime et agresseur
        f) Le pouvoir de l'inversion de polarité
        g) Distorsions de la pensée

a) Fréquences de pensée

Même si les pensées ne sont pas physiquement tangibles, elles ont des longueurs d'onde mesurables. Par exemple à l'aide de la radiesthésie et à travers des enregistrements photographiques, comme le travail du Dr. Emoto en a témoigné. Les formes-pensées laissent leurs empreintes dans des pièces, sur des lieux et sur des objets tels que les bijoux ou les vêtements, comme le prouve la psychométrie. Les pensées façonnent non seulement nos auras, notre physionomie, mais aussi notre environnement et notre carrière.

Se distancer de ses propres pensées et les amener à se taire est un art en soi, comme le sait quiconque qui médite ou qui est en proie à des pensées récurrentes. Selon la façon dont nous maintenons notre niveau mental, nous sommes plus ou moins réceptifs aux formes-pensées positives ou négatives. Nous ne générons pas de pensées nous-mêmes, mais nous entrons plutôt en résonance avec la dimension mentale, qui se compose de différentes couches allant des processus de pensée pervertie jusqu'aux inspirations ingénieuses et aux idées porteuses de lumière. Dans la zone inférieure de la dimension mentale, il y a aussi des considérations quotidiennes ainsi que le mental qui se répète tant qu'il se perpétue en affectant ou même en bloquant d'autres modes de pensée plus élevés.

Cependant, je voudrais porter une attention particulière au carrousel dans la tête et l'examiner attentivement. Même s'il ne s'agit pas forcément des plus nobles réflexions ou justement à cause de cela, il offre un miroir fidèle de la vie mentale intérieure. Il révèle ce que nous pensons de nous-mêmes et de notre moi intérieur, le carrousel des pensées reflète nos attitudes envers les autres et notre vision inhérente de la vie. Quelles qualités ont le plus de poids et d'influence ? La peur, l'inquiétude, l'infériorité, l'agressivité, la colère, la vengeance ? Ou bien la gentillesse, la bienveillance, la tolérance, la confiance dans les processus de la vie ? Quel genre d'ondes de pensée diffusons-nous dans le monde ? Malheureusement, à l'école, nous n'avons pas appris à gérer nos pensées, ni à les contrôler, ni à les clarifier, ni à les trier et encore moins à les inverser et à communiquer avec elles.

Apprenons à faire cela maintenant ! Il y a aussi quelques conclusions précieuses à tirer des pensées désordonnées et sombres de tous les jours. Au lieu de les refouler, nous devrions les accepter et nous en occuper. Oui, communiquez avec elles : que me dit ce train de pensée ? Sur quoi dans ma vie, dans mon être veut-il attirer mon attention ? Pourquoi se présente-t-il à ce stade de ma vie ? Dans quelle mesure est-il utile ou urgent de traiter son contenu ? Nous ne sommes pas en proie à la nature ou au monde. Au contraire, nous nous tourmentons parce que nous nous fermons à un monde communicatif et intelligent. Non seulement cela, mais nous nous sacrifions même si la conscience universelle nous tend la main. Nous choisissons l'agression et la lutte au lieu d'entrer dans un échange sur un pied d'égalité avec la conscience universelle. Pour cela, nous avons besoin d'un peu de silence, d'honnêteté et de confiance. Mais c'est trop demander ! Agitation, passer son temps avec des choses éphémères, gaspiller ses énergies dans une recherche futile et démembrer la vérité et la vie tout en étant constamment dans le stress. Tout cela au lieu de prendre le temps d´échanger quelques propos transformateurs avec vous-même et avec l'univers intérieur.

b) "Je pense donc que je suis"

« Je pense donc je suis » dit Descartes, le père du rationalisme, l´explorateur de l'entendement et de la raison comme l'organe le plus élevé de l'homme. Ces propriétés dépendent de l'activité du cerveau gauche. Elles comprennent les aspects suivants : intellect, logique, analyse, structure, contrôle, maintien, polarisation, volonté et capacité à créer des liens et des catégories. D´après ce penseur, la prédominance de l'appareil de pensée sur les autres capacités humaines détermine la supériorité des humains sur les autres êtres vivants, la vision du monde mécaniste, la localisation de la pensée, de l'intelligence et de la conscience dans les zones cérébrales qui caractérisent notre interaction mentale avec le monde.

J'énumère chacune de ces caractéristiques car elles contribuent non seulement à abuser de nos talents intellectuels, mais aussi à une vision déformée de l'homme et du monde. De plus, elles sont aussi la cause d'actions destructrices envers les humains, les autres êtres et la terre. Ces qualités semblent également générer à leur tour des idées fausses.

1. La prédominance de l'appareil de pensée exclut ou réduit les capacités suivantes : sagesse du ventre, intelligence du cœur, domaine intérieur des émotions et enfin, inspiration et intuition. Cette exclusion conduit à une segmentation et à un appauvrissement du terme "humain" ainsi que de l'existence humaine. L'accent mis sur l'hémisphère gauche favorise des relations interpersonnelles pauvre en émotion et en empathie. Cette prédominance sur la logique et l'analyse altère notre relation aux autres royaumes : le minéral, le végétal, l'animal, l'angélique, jusqu'aux étoiles et à l'univers entier. Notre rapport à notre propre source et à la source universelle en est ainsi faussé.

2. La présomption de la supériorité inclut la fausse hypothèse qu'un type d'être humain soit placé au-dessus d'autres humains ainsi que supérieur aux animaux, aux plantes, aux êtres de la nature et autres entités. Cette affirmation est controversée non seulement parce qu'elle est variable en

termes de critère (où le pouvoir et la brutalité prévalent, ce qui ne peut jamais compter comme critère humain) et parce que ses conséquences sont consternantes. Cette déformation délibérée détourne la race humaine de sa tâche consistant à établir des liens. Elle a oublié qu'à travers son empathie on lui a confié la tâche de communiquer avec d'autres êtres, d'apprendre leur langue et de traduire les informations venant de l'univers. L'un de ses rôles importants est de connecter le royaume angélique au royaume des « élémentals » Comme les humains ne font pas leur travail, les éléments sont confus et désorientés, ce qui entraîne des inondations, des incendies, des tornades et d'autres extrêmes climatiques. Fondamentalement, tous les modes de vie sont égaux et se complètent. La hiérarchie naturelle est horizontale et concerne le fait de se trouver dans le lieu approprié, au moment approprié. Et non pas avec la division verticale des valeurs étayées en meilleur, plus important, plus riche, plus dominant etc.

3. Le point de vue mécaniste : il est représenté par la concentration sur l'automatisation, qui est cadencée par la pression du temps, la robotisation et le bon fonctionnement, en particulier des humains, mais aussi des animaux et des plantes. Tout doit être rentable et dans les plus brefs délais. Efficacité à mort. Cette approche vous inculque : chaque seconde de votre vie est comptée. Elle contribue à la dépression et aux syndromes de burn-out, car le sens et la profondeur insondable de l'existence ne sont pas pris en compte. Le stress est ainsi généré puis il se transmet

contagieusement d'une personne à l'autre : quelle absurdité ! Je souhaite à nous tous la perspicacité nécessaire d'ajuster notre comportement, là où nous avons tendance à agir automatiquement.

4. Localisation : La mentalité de démembrement coupe le cerveau en tranches et divise les zones cérébrales comme une carte géographique. En effet, cette description est valable. Tout comme le Dr. Galligaris a également démontré des réactions ciblées sur certaines zones de la peau. Que diriez-vous d'une sorte de réflexologie holographique énergétique ? Le poète, peintre et mystique William Blake découvre l'univers dans le grain de sable. Logiquement, le cosmos doit se refléter dans l'être humain. En outre, la conscience, cette capacité de réfléchir sur l'état d'être et de penser, n'est pas très adaptée à être découpée en tranches. Par conséquent, elle n'a toujours pas été "trouvée" dans le cerveau. Et ne le sera jamais.

Ces vieilles erreurs de la pensée sur les capacités cognitives compliquent la réflexion. À moins que vous ne vous permettiez d'élargir vos propres considérations et de tout remettre en question. Et commencez donc à penser par vous-même. Alors repoussez les restrictions et les œillères, surtout pour déterminez vos propres connexions.

c) Nous sommes ce que nous pensons

Comme nous venons de le voir, nos facultés mentales sont très puissantes et beaucoup plus étendues que nous ne l'envisageons. Elles façonnent nos sensations, qui sont transmises énergétiquement par notre force vitale. Cette dernière est stockée sous forme d'énergie originelle, qui nourrit les différents systèmes et organes du corps, les maintient en vie et les régénère. Si nous suivons la succession de manière cohérente, nous comprendrons que la santé des organes est en contact direct avec l'activité de la pensée. En d'autres termes, notre pensée influence le flux énergétique dans le corps physique et contrôle ainsi les réactions des organes. C'est facile à comprendre, car nous savons tous que les pensées tristes, amicales, drôles, agressives sont transmises au physique presque immédiatement : telles les larmes qui coulent, le cœur qui s'ouvre, les lèvres qui forment un sourire, les poings qui se serrent ou la tension artérielle qui monte. Cette simple observation confirme les principes de la psychosomatique. Bien sûr, l'explication scientifique est plus détaillée et nécessite des connaissances en neurologie, en endocrinologie psycho-immunitaire, sur le système musculaire et les viscères, et bien plus encore. Cependant, ne négligeons pas le contexte quotidien. Car c'est là que nous vivons nos réactions corporelles directement à chaque moment de notre vie. Elles nous informent sur notre état actuel, pour que nous soyons en mesure de contrôler les pouvoirs d'auto-guérison de la psyché au service de notre corps. Ces idées simples forment la base de diverses méthodes de relaxation et d'autres méthodes de rétroaction biologique. Le feedback qui s'opère entre corps-psyché-corps peut engendrer une confiance profonde en son propre corps et dans les échanges énergétiques internes. Les retours servent de centrale de contrôle sur l'état de santé et tiennent la personne précisément informée, non seulement de ses réactions physiques, mais aussi de ses changements émotionnels et psychologiques. Notre vision du monde ainsi que l´estime de soi et le respect d´autrui se reflètent dans notre comportement, notre posture et jusqu'à nos plus fines rides. C'est ainsi que nous nous définissons dans le monde. En même temps, nous colportons ces informations vers l'extérieur et selon la loi de la résonance, nous attirons les personnes appropriées.

d) La pensée juste

Dans le bouddhisme, le lien entre la pensée juste, le sentiment juste et l'action est souligné comme la clé d'une vie équilibrée.

Une approche saine et optimiste de la vie favorise un flux équilibré au niveau corporel. Inversement, si l´acceptation du corps est conflictuelle et marquée par la peur et la méfiance, le flux d'énergie du niveau mental vers le physique sera entravé ou déficient. Les conflits mentaux, psychologiques et émotionnels jouent un rôle important dans le déclenchement de disharmonies physiques. Les émotions sont souvent considérées comme les causes primaires des maladies, ce qui est absolument véritable et prouvé. Cependant, si nous examinons de plus près la vie émotionnelle, nous pouvons constater que les croyances et les schémas de pensée contrôlent et façonnent les sensations.

Il est donc essentiel de réfléchir sur les formes de pensée, à la fois conscientes et subliminale, que nous entretenons au fil des jours. Nous ne les produisons pas, comme on l´envisage parfois. Nous sommes entièrement responsables des pensées que nous attirons. Le travail au niveau mental exige une certaine clarté, de l'honnêteté, de la distanciation, de la constance et de la discipline. Le contrôle du flux des pensées, l'arrêt des pensées perturbatrices ainsi que la concentration constituent un excellent entraînement des capacités cognitives. Prendre du recul sur ses propres pensées, en particulier du contenu mental de vibration basse, constitue la base d'une pensée saine. Notre aura irradie les fréquences qui lui sont liées. C´est ce qui nous rend reconnaissables aux niveaux célestes. C'est ainsi que nous attirons des expériences pertinentes. Une pensée correcte se traduit par une parole juste, qui à son tour s´extériorise au travers d´actions justes.

La force vitale est également dépendante de la qualité de la pensée. Des considérations confiantes, claires, bienveillantes et orientées vers les solutions ont un effet de renforcement sur le système immunitaire. Notre attitude envers la vie et les ressources intérieures fournissent à leur tour de l'énergie vitale pleine de joie de vivre, tout en nous offrant un charisme favorable au monde. Elle encourage des auto-évaluations réalistes qui engendrent les actions faciles à mettre en œuvre dans la vie pratique. Elle a un ton chaleureux plein de gratitude et nourrissant qui encourage une évolution en spirale ascendante. Au contraire, les pensées récurrentes, les schémas de réflexions désespérées, axées sur les problèmes, plaintifs et répétitifs ont un effet débilitant et sape l'énergie jusqu´à altérer la santé même. Elles rétrécissent les options et les solutions ainsi que la vision du monde.

Si chaque phrase doit commencer par "mais", surtout lorsqu'il s'agit de solutions, alors il est grand temps de ralentir, d'arrêter de se plaindre et de commencer à montrer de la gratitude. Gratitude pour les choses les plus simples et les plus petites de la vie quotidienne. Gratitude pour la grâce d'être présent ici et maintenant. La gratitude fonctionne comme une loupe grossissante sur tout ce qu´elle vise. Si notre attente est pointée avec enthousiasme sur une chose bonne et belle, nous en obtiendrons encore davantage. La gratitude accentue la concentration et le centrage, car elle oriente l'alignement mental vers une vue édifiante de la situation ou de la personne. Une perspective qui est convaincue que tout peut toujours s'améliorer, quel que soit l'état actuel. "Ça ne peut que s'améliorer" : c'est la loi de l'évolution. En pleine conscience, cela colore la vision de la vie, l'estime de soi, l'appréciation des autres et même ce que nous possédons – l´appréciation de tout ce que nous sommes et de tout ce que nous avons. Je n'entends pas par là une gentillesse facile et superficielle, mais une concentration infatigable et sans compromis sur tout ce qui améliore la vie. Celui qui décide contre la vie se déplace à l´inverse, vers le bas. Cela correspond à l'involution. La pensée floue et confuse est souvent liée à des intentions irréalistes, mensongères ou effrayantes qui sont portées par des illusions : envers soi-même et envers l'entourage. L'honnêteté totale avec soi-même peut être difficile quelquefois, cependant elle est très réelle : c'est le vrai fondement de tout travail spirituel.

Les schémas de pensée que nous cultivons nous façonnent à tous les niveaux. C´est ainsi que nous alignons nos efforts dans un contexte personnel. Nous faisons de notre mieux n'importe où, n'importe quand, sans vouloir être parfait, sans copier les autres, sans distraction. La vie est un cadeau : ce qui compte, c'est la persistance qui marque le "paysage créé par la pensée" et le contrôle délibéré du flux cognitif. Nous suivrons attentivement chaque étape positive. Et nous sommes reconnaissants envers nous-mêmes, notre environnement et l'univers pour chaque pas dans la bonne direction. De cette façon, nous atteignons le sommet de la montagne et la vision éternelle et illimitée de notre être.

e) Constellation : victime et agresseur

Une atteinte à la propre intégrité consiste à "avoir peur de blesser l'autre". Certaines femmes sont prônes à utiliser cette expression - souvent en relation avec des hommes. Elles utilisent cette expression, sans se rendre compte que leur vérité, leur liberté, leur être, leur santé parfois et l'intégrité de leur amour-propre et en particulier leurs limites saines ont été piétinés depuis longtemps. Se sacrifier pour l'autre dans l´abnégation du soi : il y a là un manque d'équilibre et d´honnêteté dans le rapport à soi comme à autrui. Ceux qui ne valorisent pas leurs propres limites ne pourront pas non plus percevoir et respecter celles des autres. Une démarcation saine s'accompagne d'une bonne dose d'égoïsme. Cela n'a, en fait, rien à voir avec l'égoïsme, mais plutôt avec des priorités équilibrées. Nous commençons par nous-mêmes et nous nous focalisons sur la concentration de notre système vital, car la première responsabilité que nous portons est la gérance de nos propres énergies.

Si l'on manque de centrage, on a tendance à devenir le jouet du destin et de ses influences néfastes pour l'environnement ainsi que pour les autres. Se considérer comme digne du plus élevé et du meilleur et s'adonner précisément à cela pour le bien de tous les êtres, exclut non seulement des batailles compétitives stupides, mais nous présente comme le destinataire réceptif de l'unique pouvoir divin. Dans la vie de tous les jours, la soumission et faire le paillasson sont encore bien trop courants et n'ont rien à voir avec l'humilité ou la modestie. S'amoindrir et se considérer indigne, oblige également les autres à « se dévaluer » et c'est tout aussi incohérent que de gonfler son égo. Pourquoi ne pas être authentique, cela demande moins de force que de faire semblant. En plus quand on est loyal, sincère et bien structuré, on n'a pas besoin de se justifier.

Il est important que les victimes comme les agresseurs comprennent les mécanismes de leurs comportements respectifs. Surtout, on voit à quel point le problème de la délimitation entre les deux exerce une attraction mutuelle. Les contours énergétiques de la victime sont insuffisamment délimités face à l'autre. D'un autre côté, les limites de l'agresseur se comportent de façon intrusives et offensantes dans l'espace vulnérable de la victime. Les deux se rencontrent dans une interaction qui viole la dignité de chacun d'eux. Il est intéressant d'observer que certaines victimes deviennent elles-mêmes des agresseurs. Et à leur tour, à un moment donné, les agresseurs deviennent des victimes de la justice ou de la tournure du destin. La dignité de soi que l'on cultive pour soi est partagée dans une relation digne avec l'autre. À l'inverse, nous nous blessons nous-mêmes dans notre intégrité lorsque nous enfreignons les frontières des autres en blessant leur espace personnel.

f) Le pouvoir de l'inversion de polarité

Tout d'abord, il est important de reconnaître que nous devons maîtriser nos pensées afin de devenir et de rester maître dans notre propre royaume. Du fait que les pensées et les émotions sont si étroitement liées, elles sont en état de dicter directement notre comportement, nos actions et la façon de nous exprimer (parfois avant que nous ayons examiné si elles sont utiles et édifiantes).

Nous sommes responsables de leur triage, de leur soin ainsi que de les gérer consciemment. Elles forment et reflètent notre vision du monde. Notre appareil à penser teint, façonne et crée notre réalité. Façonner notre mode de pensée et son contenu est une grande tâche qui requiert une certaine discipline mentale. La pensée, l'intelligence, le raisonnement et la cognition ne sont-ils pas les véritables caractéristiques de l'humanité ? Qu'attendons-nous pour les utiliser uniquement pour notre bien personnel et commun ?

Tout d'abord, il s'agit de savoir ce que nous considérons comme moralement et éthiquement souhaitable. Cela doit être clairement défini par notre propre système de valeurs - même une tentative simple est décisive et nous fournit une direction. Bien sûr, les priorités personnelles sont individuelles. En tant qu'individus, nous en sommes entièrement responsables. Leurs degrés d'importance peuvent changer au fil des ans. Les valeurs deviennent davantage personnalisées. Ce que nous déterminons et définissons clairement devient notre intention spécifique. La volonté est étayée par la clarté et l'alignement de l'intention et de la concentration. Elle agit comme un laser mental pointé sur le but ultime, sans digression et sans se soucier, ni comment, ni quand il l'atteindra. À titre d'exemple, supposons que notre objectif est d'intégrer la paix dans nos vies. Nous entendons par là, la paix de la conscience, ne plus faire qu'un avec soi-même et avec le monde par opposition au refoulement (balayer l'inconfortable sous le tapis ou chercher à éviter) ou au superficiel « dire oui à tout ». Un chemin de paix cohérent semblera limpide et sans compromis. La vérité ne plaira pas à tout le monde. Le besoin de se positionner réveillera certaines personnes. Ces décisions font partie de notre intention emphatique en toutes situations. En d'autres termes : certaines choses seront éliminées qui ne sont pas compatibles avec notre propre focus.

Quelquefois, le fait d'exprimer ses propres pensées et ses conclusions personnelles se trouve rapidement assimilé à une polarisation. Et ce depuis une vingtaine d'années. On parle de météo, de trucs journaliers et on fait tout pour de ne pas dépasser le format autorisé ou auto-imposé (travail, association, vie professionnelle) et surtout ne pas « le déranger » avec ses propres pensées et ses commentaires individuels. Le résultat est une communication ennuyeuse et superficielle qui ne vient jamais du cœur et n'exprime pas ce qui vous préoccupe. En fait, elle façonne ces gens qui n'ont rien à dire et qui, soi-disant, n'ont jamais rien à cacher. La censure intériorisée semble encore plus radicale que la censure externe. Cela inclut également la peur d'offenser et de digresser du politiquement correct. La brutalité du monde doit être décrite avec des gants et des belles manières, décrire les choses, tel qu'elles sont, est mal vu. Alors on fait le tour du sujet avec des mots vides et des excuses, avant même d'avoir dit quoi que ce soit. Cela n'a rien à voir avec la discipline de l'intellect. Au contraire, on réduit ses propres capacités de communication et de réflexion en les dénuant de contenu profond. Chose intéressante, je connais des femmes qui se délectent vraiment de l'échange superficiel avec un ton onctueux et une voix de petite fille. Pourquoi jouer un rôle aussi infantile en tant que femme ? Ce jeu est terminé depuis longtemps !

En outre, je décrirais l'inversion de polarité comme la capacité de faire basculer des situations ou des événements défavorables dans leur contraire : par exemple, transformer une faiblesse en force, développer un talent à partir d'une erreur. Derrière cela, il y a la prise de conscience profonde, que la solution réside dans le problème lui-même. Il y a des gens qui deviennent policiers ou avocats pour représenter la justice et protéger les défavorisés. Il s´agit de partir du négatif pour le transformer en une situation évolutive. Tous ne sont pas motivés par ces idéaux, il va sans dire. Un de mes amis a un dicton : « La confusion est le meilleur chemin pour atteindre la clarté ». Bien sûr, la perspicacité est nécessaire afin de remarquer la confusion avant de commencer à démêler l'enchevêtrement. Lorsqu'un mode de pensée ou un système de croyances ne sont plus bénéfiques, il est temps de les remettre en question de s´en débarrasser ou de les changer. Même s'ils ont été utiles dans le passé et même s'ils ont leurs racines dans notre famille. Cela exige courage intellectuel et sincérité afin de faire usage de nos capacités cognitives et mentales. Cultivons ce grand talent de l´humanité, cette capacité de réflexion, qui soi-disant, nous distingue des animaux !

Je sais que "le mental", "la tête" ne sont pas aussi populaires ces derniers temps. Les « intellectuels » ont aussi peur de s'en servir. Et je sais qu'il y a aussi l'intuition, le ressenti et je suis tout à fait d'accord. Mais nous, les humains, avons deux hémisphères cérébraux, pas un seul. Pourquoi les utiliser en veilleuse ? Où en est l'avantage ? Pour rester invisible et bien confortable dans son formatage ? Oh oui, c'est vrai : seules les filles sages iraient au paradis !

Nous avons tellement de possibilités de développer notre savoir et nos connaissances que nous confondons l´accumulation de données et leur compréhension, d´une part, le traitement et d'autre part l'intégration de l'information. C'est une question de qualité, non pas de quantité. Comme pour l'alimentation. Les intestins et le cerveau ont des caractéristiques parallèles. Les tâches de tamisage, de séparation et d'élimination des intestins ont quelque chose en commun avec le don de voir ce qui se cache derrière les apparences, la capacité cognitive du cerveau de différencier et d'intérioriser ou de rejeter la matière.

Certains prétendent : « Il y a une guerre de l'information ». Falsifier, retenir, dissimuler, déformer les reportages : Croyez tout, répétez comme un perroquet ou mettez la tête dans le sable comme l'autruche. Lavage de cerveau, propagande, mensonge. Une tactique efficace consiste à détourner l'attention de l'essentiel, ce qui inclut toute l'industrie du divertissement à laquelle les gens sont accros.

Nous vivons dans une société où la surabondance de tout force constamment les gens hors de leur centrage, ce qui a son tour les maintient dans l'aliénation. Qui n'est pas ancré en lui-même est ailleurs, ni présent et ni clair. Ne pas être centré rend réceptif aux attaques énergétiques et physiques. Ainsi on ne sait plus qui on est vraiment, ni ce que l'on veut et on est prône à tout gober. La surabondance est un outil qui incite à la stupidité, à un état hypnotique de non discernement ainsi qu'à la confusion. Pour la plupart des gens qui ont une aura mal délimitée, c'est une torture. Pour surmonter cet état énergétique, on a tendance à se mettre en retrait. Bien qu'il s'agisse d'un mécanisme de protection éprouvé, on se ferme également à la vie. Surtout, on renonce à sa liberté. La clarté et la transparence de la simplicité se sont perdues pour faire place à de nombreuses choses compliquées, stupides, sans rapport et fraîchement rabâchées. Du coup, on rate les Portes Célestes où la simplicité conduit, préférant se perdre dans un labyrinthe mental. On vous offre alors quelque chose, même gratuitement. « Je n'en veux pas, même si c'est gratuit ! » La sursaturation du niveau mental avec ses « déchés de connaissances » superficielles est comparable à un tube digestif constamment bourré de haut en bas. Sans pause pour digérer et éliminer. Il faut bien recueillir des données, les analyser, les trier et exercer une saine capacité de différenciation. Là il s´agit de vérifier en cherchant la vérité et la cohérence, avec l'intention de retenir ce qui est précieux et enrichissant ainsi que nourrissant intellectuellement. Finalement, il faut se débarrasser du reste et le rejeter complètement hors de votre propre système ! Avant que la prochaine masse insignifiante et trompeuse vous accable. Cela perturbe non seulement le système digestif, mais à long terme, cela vous rend malade tout autant au niveau de la tête. « Comment puis-je y faire face ? » J'entends la question venir de loin ! Jetez ce qui vous encombre par-dessus bord et videz tout ce qui entrave la liberté et l´évolution : Faites table rase. Afin de mettre au clair et de déterminer ce qui est important pour vous. Lorsque vous avez défini vos valeurs et vos priorités, le chemin et le mouvement s´éclaircissent. Il y a de la place dans la maison, de la clarté dans la tête pour réfléchir logiquement jusqu'au bout les pensées que nous voulons penser. Il y a autre chose d'indispensable et c'est ce qu'il y a de mieux sur internet : la petite poubelle ! Vous pouvez également vous en installer une dans la tête et filtrer systématiquement. Cliquez et c'est parti, car cela ne vaut rien et bouffe de l'énergie au lieu de procurer force et bien-être. À long terme, une bonne habitude saine émerge : par la force de votre intention, installez-vous un filtre permanent qui reconnaît immédiatement ce qui est significatif et authentique. Car trop de possessions, trop d'informations, trop de choses dans l'estomac conduisent également à la surcharge et à la distraction. Non seulement l'attention est captée par la matérialité statique, mais elle est occupée par les influences extérieures qui dissipent nos priorités, nos valeurs personnelles et collectives ainsi que notre sens des responsabilités. Il est essentiel de s'entourer de personnes, de pensées, d'objets et de vibrations qui résonnent avec notre être présent. Cela engendre la paix, l'harmonie, la créativité et les relations respectueuses et aimantes. Nous passons notre temps, ce cadeau qui est notre vie, avec qui nous plaît et ce qui nous est important.

L'art de la distraction comprend les invitations réitérées à des choses insignifiances et inessentielles, des trivialités et des passe-temps généraux. Laissez cela filer et concentrez-vous sur des activités de réflexion qui sont nourrissantes, édifiantes et épanouissantes. Plus facile à dire qu'à faire : dans ce but nous devons rester éveillés. La distraction est une stratégie psychologique pour distraire les gens d'eux-mêmes, de leur vie, du vivant et du sacré. Les mensonges se superposent aux faits. Le consensus est manipulé comme dans le conte de fées de Christian Anderson "Les habits neufs de l'empereur". Et tout le monde de faire des commentaires sur les vêtements de l'empereur nu. Des bavardages creux au lieu d'informations réelles, de délibérations personnelles, de réflexions individuelles.

La distance joue souvent un rôle dans la démarcation. Le contraire serait l'amalgame, la fusion ou l'identification avec un état ou une situation. Sur le plan mental, cela signifie que nous créons un écart dans le but de réfléchir. Mais aussi pour clarifier et classer pensées et émotions. Ainsi, nous obtenons une nouvelle perspective, de préférence plus élevée. Cela conduit à des conclusions, des idées et des décisions précieuses. Dans ce contexte, je voudrais proposer un exercice :

S'ADRESSER À SOI À LA TROISIÈME PERSONNE.

En nous adressant à nous à la troisième personne avec le pronom « elle » ou « il » nous introduisons une instance supplémentaire entre nous et notre pensée ou sentiment. Autrement dit : je m'adresse à moi à la troisième personne. Cette technique favorise la distance psychologique, ce qui réduit instantanément la tension émotionnelle. Elle permet une réflexion douée de raison sur ses propres émotions et offre ainsi une meilleure maîtrise de soi. En tant que réduction du stress, cette méthode fonctionne très rapidement et sans effort. D'un point de vue spirituel, elle libère et elle jette une luminosité sur l'observateur intérieur. Par exemple, le discours intérieur suivant pourrait être tenu : « Qu'est-ce qu'elle ressent en ce moment ? » « Après avoir franchi cette étape, quel sera son prochain but ? », « Si elle récupère d'abord, elle peut mieux travailler ensuite », « De quelle aide a-t-elle besoin dans ce contexte ? », « Quelle est sa priorité en ce moment? » C'est ainsi qu'un dialogue perspicace peut émerger des différentes parties de la personnalité.

Cette technique fonctionne en quelques minutes : le stress s'atténue immédiatement, comme cela a été mesuré dans des études. Cela permet de regarder la situation actuelle d'une perspective plus large au lieu de s'attarder avec l'agitation émotionnelle et la confusion mentale. Considérations et émotions se déroulent à un rythme équilibré. On crée un espace sûr pour la sagesse qui encourage la maîtrise de soi.

g) Distorsions de la pensée

Par pensée déformée, j'entends une réceptivité indéfinie et indifférenciée à des pensées chaotiques et influençables. Nous n'aurions jamais l'idée de laisser notre maison ouverte à n'importe qui et à n'importe quoi. Toutefois, c'est exactement ce nous faisons, en négligeant nos pensées et en refusant de les filtrer. C'est ainsi que nous traitons nos plus hautes capacités, celles que nous possédons en tant qu'être humain. La pensée contrôle tous les niveaux de nos sentiments, à travers notre langage, nos actions et notre comportement, jusqu'à notre bien-être, notre santé et enfin notre réalité. Nous invitons les pensées dans notre sphère mentale. Qui veut incorporer des débris, de la manipulation, des choses insensées, effrayantes et falsifiées dans sa vie ? C'est précisément ce que nous laissons faire, si nous ne dépistons pas et ne vérifions pas, ce qui pénètre notre champ tels que la télévision et divers médias, qui cultivent généralement le plus bas chez les gens.

Nous vivons dans une culture de la peur. Penser / ressentir la peur est si répandu et si bien inculqué jusque dans les cellules que la réalité est perçue à travers les lunettes de la peur. Dès le plus jeune âge, la peur nous façonne. La peur fonctionne comme un contrôle intériorisé, une uniformisation et une mal adaptation. La peur est comme une vinaigrette que l'on sert à tous les plats. On peut avoir peur de tout. La clarté, le courage et la liberté sont de bons antidotes aux modes de pensée anxieux. Surtout, se rappeler que nous sommes des êtres divins - éternels et sans limites par essence - nous libère de certains masques de la peur en papier mâché.

Quand il s'agit d'aborder le thème de la délimitation, la « peur de blesser les autres » prends une place importante. Il est évident de ne pas de faire de mal aux autres. Par contre envers soi, il se peut que l'on agisse de façon profondément blessante, intrusive et en méprisant ses propres limites. L'homme / la femme assume des souffrances infinies afin d'épargner les enfants, le mari ou une partenaire, le patron, leurs parents. Ce sacrifice de soi n'est pas conforme à la dignité que chacun mérite intrinsèquement. C'est une chose étrange qui conduit, entre autres, à des enchevêtrements karmiques confus. Parce qu'à l'arrière-plan se trouve l'attente que d'autres se sacrifieront aussi pour nous. Cette dette, ce qui est considéré comme dû pend comme une épée de Damoclès. "Tout ce que j'ai fait et enduré pour toi". Cependant, le déséquilibre réside dans la volonté de tout faire pour les autres, tandis que le respect de soi et l'appréciation personnelle sont ignorés et réprimés. Cette attitude attirera évidemment les événements appropriés se trouvant en résonance.

Se rapetisser et être accro à la souffrance signifie, d'un point de vue énergétique, accoler et accepter un état négatif. Puisque la nature recherche toujours l'équilibre, elle essaiera de renverser la situation même de la personne qui transfèrera le fardeau. Le martyr devient le tyran. L'impuissant devient un Machiavel autoritaire et despotique et entraîne la famille, les amis, les voisins et les assistants dans des enchevêtrements. Si vous ne vous respectez pas, vous ne pouvez aucunement respecter autrui. Dans de telles situations, les frontières sont franchies, enfreintes et méprisée, parfois avec une certaine hypocrisie.

Il y a toujours un manque d'équilibre derrière le besoin exagéré d'aider les autres, d'offrir des cadeaux ou de « faire plaisir à tout le monde ». Qu'est-ce que l'on veut compenser ici ? Pourquoi être si orienté sur le bonheur des autres ? Jusqu'à la dissolution de vos propres limites et des contours auriques ! L'aura est, entre autres, une gaine protectrice énergétique. Si les contours sont blessés, irréguliers, trop fins et poreux, ils ne peuvent pas remplir leur tâche. Ce qui à son tour conduit à d'autres attaques émotionnelles, physiques et psychologiques. Le concept du service à autrui en accord avec le bien commun prend en compte le fait que l'équilibre doit commencer par soi d´abord, puis se transférer ensuite aux autres. Quiconque s'efforce de maintenir des limites saines pour soi, sera également attentif aux démarcations et à la dignité des autres. De plus, il existe une résonance énergétique et transférable entre les personnes. Penser qu'il faut plaire à tout le monde faussera l'unité (la personne) dans ses énergies, ce qui entravera le rapport à l'ensemble (le groupe, la société) tout en affaiblissant l'équilibre de la communauté elle-même. Il y a un manque d'authenticité et donc un comportement exagéré avec des extrêmes tels que super sympa et antipathique, excessivement généreux et avare envers la communauté, etc. La motivation derrière le besoin de plaire à outrance révèle une attente tout aussi excessive de ses semblables à long terme : j´attends le même sacrifice en retour. Peut-être que cette analyse approfondie semble malveillante. Les vibrations disharmonieuses perceptibles dans une telle situation s'avèrent dissociées et douloureuses pour un observateur réceptif à l'énergie. C´est ainsi que les pensées erronées deviennent difficiles à supporter

Le syndrome qui consiste à douter des propres perceptions révèle un autre type de distorsion de la pensée qui met en danger la démarcation mentale. Il s'agit d'un accès bloqué à l'unité intérieure de la pensée et du ressenti. En outre, à cause des canaux fermés, on doute de ce que l'on ressent, voit, perçoit. "Je pense que je ressens un soulagement lorsque je fais un exercice spécifique...", "Je crois que je ressens l'énergie WLAN...Je ne suis pas sûr pourquoi mais j'utilise un câble Lan". J'en constate distinctement l'effet dans mon corps. Mais ma tête est incapable de tirer une conclusion claire. En fait si. Mais je doute de mes propres conclusions. En fait, disent les sages, nous imaginons que nous nous levons à 7h00, que nous allons au travail et que nous gagnons tant. C'est le rêve quotidien. Mais nous n'en doutons pas. Nous avons du mal à nous convaincre de notre ressenti directe, car nous ne voyons pas les radiations ou les énergies subtiles. Ou bien serait-il possible que notre esprit soit influencé de telle manière que nous obéissions à des interdictions tacites ? Parce que ce n'est pas officiellement approuvé, prouvé ou souhaitable ?

La pensée falsifiée est parallèle à la pensée manipulatrice et manipulée, par exemple par la contrainte de la publicité. "Bien sûr, nous sommes libres d'appuyer sur le bouton : non !" Nous sommes libres de faire ce que nous voulons. Cependant, si nous ne plions pas au despotisme, il se peut qu'il nous rende la vie difficile. Dans ce but, le langage et son sens sont corrompus. On n'épargne pas les excuses et les néologismes. Je fais ici allusion au newspeak (Orwell 1984) et à LTI de Victor Klemperer sur le langage du national-socialisme. On pourrait résumer le tout par cette chaîne : pensée tordue - langage déformé - action malhonnête – personne aux tendances trompeuses

Considérons maintenant les façons de pensée tellement déformées au point d'affecter la vie quotidienne de certaines personnes et, dans certaines circonstances, celle de leur entourage. Cela va des modes de pensée paranoïaques à la paranoïa florissante. J'ai soigné et connu plusieurs personnes dont l'activité intellectuelle et le pouvoir de réflexion ont été détruits par la paranoïa. Toutefois, il y a des similarités dans leurs déclarations et dans leurs craintes et nous devons les prendre au sérieux. Peut-être qu'il se cache des évènements derrière ces plaintes. Pour les personnes concernées, les expériences sont si réelles qu'« ignorer » leur contenu est un signe de mépris. On peut se faciliter la vie et nommer les récits des paranoïaques des délires et des hallucinations. Cependant la désignation ne fournit aucune explication. Au contraire, elle bloque toute tentative de recherche, de compréhension ou d'empathie, finalement couronné d'une ignorance et d'un sens de supériorité inégalés. Un esprit d'enquête pourrait se permettre d'établir un lien avec les expériences militaires de contrôle mental, telles qu'elles sont connues de la CIA. Ou même d'autres liens avec des dimensions parallèles ou paranormales. Ou bien la réceptivité de « canaux énergétiques » particuliers pourrait être prise en compte. Le développement du monde informatique, y compris les systèmes de surveillance, et le nombre croissant de personnes diagnostiquées avec des acouphènes devraient stimuler de nouvelles considérations. Pour ce faire, on a besoin d'une intelligence qui crée une connexion mentale ainsi que la capacité de « relier les points », pour citer David Icke.

« Etablir des liens » c'est, je crois la définition de base de l'intelligence, par opposition à la collection de masse de données, sans être vraiment en état de les assembler pour en approfondir la compréhension. Une désignation générale ne fournit en soi ni explication, ni signification. Au mieux, elle bloque les questions inconfortables.

En effet, les capacités de réflexion incluent la capacité de nommer les choses. Intellectuellement, elles créent de l'ordre et une catégorisation appropriée qui satisfait l'hémisphère gauche du cerveau. Cela fournit un certain recul pour analyser le sujet. Du point de vue de l'hémisphère droit, la nomination crée une distance émotionnelle et permet de différencier « être » et « avoir ». Par exemple, « Je fais une dépression » par opposition à « Je suis déprimé » - « Je suis une âme éternelle et illimitée qui traverse actuellement des phases de dépression ». S'il vous plaît, faîtes l'exercice suivant qui consiste à prononcer lentement ces affirmations en observons leurs effets sur notre psychisme et dans notre corps. Des différences devraient être clairement perceptibles. Si nous voulons considérer la capacité de nommer d'un point de vue holistique, c'est-à-dire à partir de la connexion des deux hémisphères cérébraux, comme le font les Indiens Kogi, par exemple, une autre qualité devient évidente. Ces Indiens tribaux prétendent que le grand esprit donne un nom à tout. Chaque être ou partie d'un être est connu dans l'univers. Il y a par exemple un oiseau avec certaines plumes, si précieuses que les petits hommes à la peau brune des Amazones les recherchent dans la jungle à pied sur des kilomètres. Dieu a caractérisé la plume particulière par une qualité et une tâche spéciale. Chaque être et partie de celui-ci a une identité et est donc connu et reconnu par le Grand Esprit. Personne dans l'univers n'est anonyme. Et personne n'a à se prouver ou à s'identifier. Cependant, chacun est là dans le but précieux d´accomplir son destin en tant que partie unique du puzzle au sein du Grand Puzzle Divin.

Tentons de suivre pragmatiquement ce qui se passe quand nous nommons une souffrance, un sujet ou une situation. Il est logique de faire attention au choix des mots. Car son nom équivaut à la création d'un mini-univers qui vibre dans le cosmos. La résonance qui émane de sa vibration provoque une résonance similaire. La description exagérée ou excessive correspond à la dramatisation et à l'intensification du sujet. La diminution exacerbée du même sujet, à son tour, le rend insignifiant, sans importance. Réfléchir au sens précis et clair que l´on veut donner à la situation, avec un choix équilibré des mots, crée non seulement une distance permettant la réflexion, mais cela aide à créer une résonnance avec la possibilité de trouver des réponses qui engendrent des solutions. Lorsque nous décrivons quelque chose comme "absolument impossible", cela résonne immédiatement avec la dimension de "l'impossibilité", c'est-à-dire "impossible et sans solution, ni explication". C'est ainsi que vous pouvez entrainer votre ressenti énergétique et émotionnel, de sorte que les résultats non constructifs puissent être exclus dès le départ.

Le refus de se pencher sur un sujet et de lui donner un nom approprié falsifie toutes tentatives de guérison, de résolution ou d'amélioration de la situation. Elle n'a pas d'identité et donc elle n'existe pas (ou elle est supprimée). Pour trouver la guérison ou la rédemption, il faut avoir le courage de faire la lumière sur la souffrance ou le problème. La lumière fera alors son œuvre purificatrice. Elle y projettera son rayon éclaircissant et révélateur. Ce qui permettra la guérison grâce au pouvoir transformateur de l'amour et de la lumière.

6. DÉFINITION AU NIVEAU DES DIMENSIONS SPIRITUELLES

a) Les pensées sont libres
b) La voix intérieure
c) Discernement
d) Les outils spirituels
e) Horizon mental - spirituel
f) Les divisions fatales

a) Les pensées sont libres

Dès un stage précoce de notre développement, notre façon de percevoir et de penser est programmée consciemment et inconsciemment. En particulier, on nous inculque comment éviter ce qui est mal vu et ce qui n´est pas permis. Le reste est plus ou moins « normal », c'est-à-dire selon la « norme ». Adhérer à la norme est l'une des principales tâches de survie que nous devons saisir instinctivement dès notre plus jeune âge. Ce processus est souvent associé à un retrait tacite de l´affection ou de l´attention de l´entourage. Quelquefois aussi à un énoncé clair : "Si tu n´es pas gentil...", "Les bons garçons...", « Les vilaines filles... ». Vous ne serez jamais informé de cette norme officiellement : qui l'a mise en place, pourquoi et dans quel but ? Toutefois, son impact se découvre au cours de la vie en remettant en question les choses les plus simples. Ceci va contrecarrer les motifs derrière cette programmation qui prône l'adaptation au consensus et l'uniformité.

Ici, nous traitons de limitation et de restriction. Dans quelle mesure nous tolérons l'aliénation mentale, et dans quelle mesure nous nous décidons d´y échapper, deviennent l'œuvre d'une vie pour les personnes éprises de liberté. Mais ceux qui possède ce courage spirituel doivent procéder aussi minutieusement que possible, afin d´éviter les explications superficielles et prémâchées. Celui qui veut vraiment ouvrir les yeux, ou écarter ses œillères, gagne en indépendance et en liberté. En plus, il y a un gain de responsabilité. En particulier, la responsabilité de confronter la vérité. Surtout dans un monde où la plupart des gens ne veulent pas savoir la vérité.

Les pensées sont libres comme l'air. En effet, le monde de la pensée et la conscience qui en découle sont liés à l'élément air. Nous empruntons des pensées, ou plutôt nous les invitons dans notre corps mental supérieur, qui rayonne vers l'extérieur et attire à son tour les événements correspondants. En principe, les pensées n'appartiennent à personne, car elles pénètrent et traversent notre appareil mental. Bien sûr, il est juste de reconnaître les personnes réceptrices d´une inspiration spéciale, utile et ingénieuse qu´elles partagent avec leurs concitoyens pour le bien commun. Cependant, il ne peut y avoir de propriété de la pensée. Ni d´autres dons universels. La propriété, le fait de posséder, est une illusion qui corrompt la façon dont nous vivons en société, comme l'anarchisme le reconnaît à juste titre. Qu'est-ce que j'entends de loin ? Un brevet sur la vie ? Qui a une telle idée ?

La conscience est probablement la seule chose qui nous accompagne constamment dans cette vie et que nous emportons avec nous jusque dans l'au-delà. À savoir comment nous la vivons et la pratiquons - c'est à dire en accord avec notre âme ou non. Il s'agit de suivre notre conscience et de l'appliquer. En fait, les règles du jeu sont assez simples. Pourquoi rendons-nous le jeu si compliqué ? Ou pourquoi nous laissons nous gâcher le jeu ?

Dans tous les cas, nous avons une responsabilité en tant qu'êtres incarnés sur terre. Nous portons la responsabilité de notre cheminement de pensée et de la réalité que nous en créons tous ensemble. Dr. Ulrich Warnke éclaire ce fait du point de vue de la physique et de la philosophie quantique. Entre autres dans ses ouvrages : « Philosophie et spiritualité quantiques » et « Le pouvoir secret de la psyché ». Responsabilité pour les pensées, les émotions, les actions, les déclarations et pour nos vies mêmes. Nous assumons une responsabilité, même si nous ne prenons aucune décision. Cela semble-t-il plutôt inconfortable ? Peut-être au début, jusqu'à ce que nous réalisions que la responsabilité fait partie de notre liberté, de notre libre arbitre. La liberté, c'est pouvoir faire un choix. La liberté, c'est faire preuve de discernement. Le filtrage, le tamisage de l'information représente une capacité intellectuelle intrinsèque, doublée de conséquences pratiques qui accompagnent directement les décisions. La responsabilité et la liberté doivent être assimilées à « l'autonomisation » de l'être et de ses actions.

Lorsque les pensées sont effectivement libres, elles agissent comme un tremplin vers la conscience. Elles n´ont pas besoin d'être complexes. La clarté et la cohérence sont nécessaires pour mener à bien le fait de penser. Cette compétence semble impossible pour de nombreuses personnes en raison de la surcharge de données. Avec la responsabilité, la liberté et la capacité de se différencier, nous avons le choix de nous décider pour une perspective bénéfique : ainsi la gratitude remplace les plaintes, l'action le désespoir, la solidarité l'isolement, etc.

PREMIER EXERCICE : Le point de départ est basé dans la perspective du verre vide ou du verre plein. L´effet direct sur le bien-être physique peut être ressenti subtilement mais rapidement. Essayons de considérer un sujet déprimant sous un angle plus léger (verre plein). Un soupir apparaît presque immédiatement. Peut-être qu'une chaleur apaisante est perçue. Un soulagement général, bien qu´encore léger, s'étend dans le corps, dans l´aura et dans l´humeur. Dans cet état, nous sommes mieux à même de trouver une approche plus adaptée et une solution de meilleure qualité. Au moins notre santé est épargnée. Veuillez commencer tout de suite et appliquez le principe du verre plein dans toutes les situations, en envisageant l´aspect positif, intéressant, enrichissant etc. Progressivement, la prise de conscience va augmenter.

DEUXIEME EXERCICE : Prenons la résolution de faire une tâche que nous n'aimons pas du tout. Prenons le temps nécessaire de faire cet exercice. Rendons l'environnement le plus agréable possible : une tasse de café, une musique d'ambiance, un joli stylo. Et maintenant je fais ma comptabilité comme si c'était mon occupation préférée ! Pratiquez cette tâche dans les meilleures circonstances plusieurs fois de suite et vous constaterez que c'est un excellent moyen de se détendre. Et que la peur de sonder les questions insolubles du conseiller fiscal ne s'applique plus. Au fur et à mesure vous constaterez que l'ordre et la clarté se développent dans d'autres domaines de votre vie. Que vous n'avez plus aucune raison de craindre un contrôle fiscal. Qu'au fil du temps vous trouverez cette tâche vraiment intéressante ou même fascinante. Ce changement de perspective basique ouvre de nouveaux horizons insoupçonnés. C'est un exercice spirituel qui brise littéralement la tension entre les polarités. Au-delà de « J'aime » et « Je n'aime pas » se développent d'autres perceptions de nous-mêmes et du monde.

Konstantin Wecker décrit très bien notre situation actuelle dans la chanson « Les pensées sont libres ».

Oui, les pensées sont libres. La pensée cathare perdure même après l'extermination des parfaits et des simples pratiquants. Les idéaux et généralement les idées des sphères supérieures sont inviolables. Chacun peut s'y connecter à tout moment au travers des intentions humanistes, spirituelles, morphogénétiques.

Est-ce la raison pourquoi le monde numérique s'intéresse si obstinément à la façon et au contenu de ce que nous pensons

? "Ils veulent savoir comment la réflexion est générée", a déclaré Edward Snowden. Il sait de quoi il parle. Pourquoi ne prête-t-on pas attention à ses avertissements ? Dans qu´elle envergure est ce que le fait de penser est un problème ? Ou bien cela a-t-il à voir avec le confort intellectuel (et autre) ou carrément avec la myopie de la pensée ?

b) La voix intérieure

Passons maintenant à l'intériorisation avec l´intention de communiquer avec nous-mêmes puis avec l'univers. C´est dans cette oasis que la voix intérieure, la voix de la conscience, la voix de la vérité se fait entendre. On dit qu'elle est toute douce. En fait moins on l'écoute, plus elle devient inaudible. Parce qu'elle respecte le libre arbitre. En cas d'urgence ou de grands chamboulements, on peut à peine l´ignorer. Elle se plaît à répondre par des images et des sensations. Elle est toujours présente et donne des réponses en accord avec le plus grand bien commun. Y a-t-il une raison pour laquelle nous la négligeons ? Peut-être, parce qu'elle ne flatte pas l'ego ?

Les pensées inspirées et très claires ou les idées spontanées ou les flashs sont les variantes et les différentes expressions de ce langage intérieur qui nous sont chuchotés à l'oreille. Elles sont l'expression d'une guidance intérieure qui nous offre orientation et protection. Au niveau spirituel, elle forme un pont vers le moi supérieur, qui à son tour conduit au murmure divin. Il doit y avoir une conviction absolue du bon chemin (exclusivement pour vous-même et pour le moment) ainsi que de la connexion à votre propre credo. Ce système de croyances personnelles représente le credo éthique qui est né de nombreuses incarnations. Là se trouvent la sagesse et la droiture engendrées de la maturation de l'existence. Ces croyances individuelles sous-tendent notre vie et nous sont disponibles à tout moment. Elles sont les sources de la vraie force intérieure et la seule sécurité. Souvent, elles nous sont accessibles en tant que connaissances héritées des incarnations précédentes. Dans l'essence, elles représentent notre plus grande souveraineté et la démarcation la plus appropriée.

Même si les messages sont directs et exprimés à travers le corps physique, sous forme de mal-être ou, dans un sens positif, de bien-être ou de soulagement, ils sont rejetés ou mis en doute. Des explications farfelues sont recherchées et la confusion se mêle à l'évidence parce que nous ne nous permettons pas d'accepter ou de faire confiance directement à notre intuition ou à nos sentiments.

S'éloigner de sa propre source n'est pas seulement une erreur, mais cela constitue la cause principale de la souffrance. En fin de compte, nous perdons la capacité de faire la distinction entre ce qui nous est favorable et ce qui ne l'est pas. Cela débute dans l'enfance, lorsque les adultes déstabilisent l'enfant en séparant sentiments et pensée, au lieu d'avoir confiance dans l'intégrité de l'enfant en renforçant le contact à sa voix intérieure. En même temps, de nombreux adultes nagent dans une mer d'aliénation et d'insécurité à un point qui menace leur propre santé mentale et celle de la collectivité.

Une sensation spéciale qui émane au niveau du cœur est reliée à la connaissance de ce qui est juste. Elle s'exprime au travers d'un « être en phase (synchrone) avec soi-même », d'où découlent la cohérence et l'ordre à la fois internes et externes. « C'est bon », disent-ils sans éclat en Bavière. La justesse perçue est un signe que la pièce du puzzle a trouvé sa place au bon endroit au bon moment. C'est l'harmonie. C'est l'accomplissement auquel aspire chaque cellule. Pour les humains, cela peut signifier se sentir bien dans leur âme et bien dans leur corps. Cette situation où les parties forment un tout en harmonie les unes avec les autres, rend possible un échange avec le moi supérieur : un besoin de communiquer, comme si la voix intérieure parlait au travers de nous. "C'est comme si une grande sagesse s'exprimait par l'intermédiaire de mon langage" C'est une réflexion courante de ceux qui en font l'expérience.

A l'inverse, nous pouvons orienter une demande ou une intention claire vers notre dimension spirituelle en prononçant des mots ou une phrase à haute voix et en levant les yeux en même temps. En substance, c'est une prière. Ou par exemple, une affirmation spontanée et authentique : « Pour moi, l'aspect financier est sain et abondant », prononcée avec conviction, est mille fois plus efficace que des phrases répétées de façon monotone sans ressenti, ni enthousiasme et conscience - mais pas si rarement, chargées de peur et de doute.

Les signes de notre corps et de nos sentiments sont, entre autres, nos alliés. Il est essentiel de les enregistrer afin de se rendre réceptifs aux messages de la voix intérieure, du moi supérieur, de l'intuition ou de l'inspiration. Cette focalisation nous donne stabilité et différenciation entre ce que nous voulons intégrer dans notre champ énergétique - spirituel et ce dont nous n'avons pas besoin. Mieux nous sommes enracinés, plus haut pouvons-nous nous élever dans les sphères spirituelles. Et surtout de manière sûre et sécurisée.

c) Discernement

Il règne une certaine naïveté dans certains cercles qui s'attendent à ce que tout soit doux, gentil, beau et bien dans les sphères invisibles. La loi de la résonance « En haut comme en bas ou l'intérieur reflète l'extérieur et vice versa », s'applique également aux autres dimensions que nous attirons. En fait, le mode de voyage dans les plans subtils n'est pas si différent de nos rencontres terrestres. Au moins en ce qui concerne le côtoiement des résidents de l'au-delà. Là aussi, la décence, la clarté, la responsabilité, la concentration et les règles de conduite respectueuse sont de mise. Parallèlement, la capacité de différencier, de sélectionner, de filtrer et de prendre des décisions est tout aussi importante qu'ici, sinon plus. Parce que là-bas, tout se passe instantanément, c'est-à-dire plus rapidement et plus directement que dans la 3ème dimension, qui est la nôtre.

Le "monde spirituel" est parfois vu comme un méli-mélo d'entités sympathiques qui peuvent être invoquées à tout moment pour trouver une place de parking, prendre des décisions à notre place ou simplement tout résoudre. C'est un vœu très pieux. En effet, nous recevons constamment des conseils, de l'inspiration, de la protection car la réceptivité fait partie de la vie elle-même. Notre environnement et la providence nous fournissent sécurité, bonté et soutien. Ces qualités forment les instincts d'auto - préservation de la force vitale. Cependant, prendre des décisions, suivre notre propre voie et façonner nos opportunités de croissance sont entre nos mains, car rien ni personne ne peut nous les retirer. Nous sommes tous portés et nourrit par l'élan de l'évolution. Néanmoins, il ne prend pas en charge nos tâches d'apprentissage, car personne ne peut vivre notre vie à notre place.

Le monde invisible se compose d'un énorme spectre infini de dimensions qui s'étendent des plus hautes sphères d'évolution aux niveaux les plus profonds d'involution. Un extrait de cette palette se reflète sur la terre. Les extrêmes béants deviennent de plus en plus visibles. Quiconque observe brièvement le monde peut penser que tout s'empire ou que tout s'améliore. En fait, la lumière rayonne d'autant plus sur l'ensemble de la sélection afin que les êtres humains puissent prendre des décisions et ainsi participer à la création des futurs développements sur terre. L'aspiration la plus élevée passe de la 3e à la 4e et occasionnellement à la 5e dimension. Chacun est invité à se positionner. D'où la nécessité de se fixer des priorités et de définir ses propres valeurs pour que chaque individu puisse faire des choix conscients. Il s'agit ici d'une délimitation éthique et morale du chemin personnel, conformément à la vérité inhérente à l'âme. « Quelles sont mes valeurs fondamentales, les principes de mon mode de vie ? » Quelle est la chose la plus importante pour moi quand je regarde mon chemin de vie d'une perspective supérieure ? Ou bien : quelle sera ma meilleure mémoire quand je girais sur mon lit de mort ? Ou même dans l'au-delà, quand je passerai cette incarnation en revue ? Nous sommes en plein dans le jeu précisément ici et maintenant et nous devrions y participer entièrement. N'attendons pas, ne nous cachons pas derrière des excuses, en espérant que cela passera, ou que d'autres prendront les responsabilités pour nous.

Ces directives intérieures s'appliquent également dans le monde spirituel. Il n'y a pas que "les gentils", les anges, les maîtres ascensionnés, les chers défunts etc., mais aussi d'autres êtres qui se moquent des lois de l'ascension et les défient. Tout comme on rencontre des gens avec des attitudes différentes dans une grande ville. Certains sont pleins de lumière, coopératifs et sages. D'autres sont prêts à nous induire en erreur et à se regorger de nos énergies. Nous nous adressons à tous avec respect parce que tous font partie de l'unité. Mais pas avec la même confiance en raison des énergies et des intentions qu'ils représentent. Par conséquent, la protection spirituelle est à l'ordre du jour. Elle fait partie de notre authenticité personnelle : et là notre intégrité et notre clarté sont déterminantes. Par la transparence de notre intention, nous sommes en harmonie avec notre objectif, son expression et ses qualités.

Notre propre identité devient plus consciente et s'exprime jusque dans les plus petites choses de la vie quotidienne. La conscience de l'intemporalité et de l'illimité de notre essence rend tout sacré. Je sais qui je suis. Je sais qui tu es dans l'essence. Par conséquent, nous pouvons nous rassembler dans l'unité à différents niveaux d'existence. Cependant, je suis et je reste moi-même dans mon identification. La conscience de l'éternité nous soulage de beaucoup de douleur et de souffrance, car l'éternel n'a ni commencement ni fin.

De cette façon, il est concevable de canaliser toutes les énergies sans renoncer à notre propre individualité. Quand je mange une pomme, je ne me transforme pas en pomme, je garde ma propre identité. En même temps, je profite des vitamines, des enzymes et des fibres du fruit. Nous appliquons cette ligne directrice aux niveaux supérieurs où se produisent des rencontres avec des formes d'existence plus développées. La communication se fait par télépathie. La télépathie est le langage originel de tous les êtres non incarnés. Nous la maîtrisons encore alors que nous nous incarnons en tant que fœtus dans l'utérus. De même à la fin de notre vie au cours du processus du trépas. En attendant, nous continuons à nous perdre dans notre labyrinthe mental. L'art est de calmer l'activité mentale inférieure, de mettre l'hémisphère gauche en veille, mais en même temps d'être éveillé et réceptif. Trop penser affecte la perception directe. Cet état absorbant et hautement focalisé permet la réception d'informations ou de canalisations supérieures, supra-personnelles et transpersonnelles. Je peux inviter la muse en créant les circonstances appropriées en moi et dans mon espace environnant. Que l'inspiration vienne ou non, c'est une autre affaire. Le « channeling » est une collaboration, un travail en commun. Dans tous les cas, la délimitation la plus minutieuse s'impose ici. Surtout avant de prendre contact. Le moi supérieur, qui est responsable de notre chemin dans cette incarnation, résonne avec des êtres et des complexes énergétiques qui sont sur notre longueur d'onde. Par conséquent, nous nous tournons constamment vers notre moi supérieur pour obtenir protection, guidance et discernement. La tâche de démarcation nous incombe grâce à l'intention : nous décidons quand et sous quelle forme nous nous rendons disponibles pour les énergies invitées lors d'une réunion officielle. C'est à nous de fixer des rendez-vous clairs, lorsque nous commençons et que nous ouvrons notre réceptivité et quand nous terminons notre mode de canalisation. Je le répète : il s'agit de travailler ensemble sur un pied d'égalité. Les énergies qui violent les frontières sont irrespectueuses et donc indésirables - à la fois au niveau de la manifestation, ici sur terre comme dans l'au-delà. L'interaction exige une réflexion approfondie, une coopération bien déterminée : chacun à sa place. Grâce aux règles claires et bien planifiées, vous façonnerez l'interaction de manière harmonieuse en répartissant vos forces de manière équilibrée. Je ne crois pas aux entités de l'au-delà qui vous tourmentent pour faire passer leur message ou qui forcent des messages que personne n'a demandés. Puisqu'elles sont libérées du sens du temps, c'est à nous de convenir avec elles comment et quand le rendez-vous pour conduire la communication doit être organisée. La musique classique en fond sonore peut favoriser le flux des mots et des images.

Le discernement inclut la capacité de choisir ce dont nous voulons vraiment faire l'expérience dans notre vie. Pour mettre en œuvre et réaliser ce choix, il nous faut exercer notre volonté. C'est le déclencheur qui donne l'impulsion pour que la mise au point soit réelle et matérielle. En thérapie, de nombreux clients attendent des miracles. Ils s'attendent à "simplement avoir la paix". Bien sûr que la paix est là. Cependant, la décision globale de vivre en paix est l'étape à franchir. La décision comprend tout ce qui est nécessaire pour y arriver - conformément aux lois cosmiques. Pour commencer, il faut vous permettre vous-même de vous apaiser et de ressentir la paix. Il est également possible de créer d'autres visions telles. « Avoir tout ce dont j'ai besoin », « vivre la paix, quoi qu'il en soit », « attirer des personnes fiables », ou « améliorer mon intelligence » etc.

C'est une décision énergique et enthousiaste EN FAVEUR d'un objectif qui vous tient à cœur. Bien sûr, on peut prendre appuis sur des affirmations ainsi que le comportement qui y correspond, car on est prêt à tout mettre en branle ce qui favorise ce développement. D'un point de vue alchimique, le pouvoir de décision dans un but personnel est fondamental. Tout le reste est utile sans être essentiel.

d) Les outils spirituels

Avec les outils spirituels suivants, nous pouvons façonner et ajuster notre connexion avec notre dimension spirituelle ainsi que nos contacts spirituels.

L'imagination est la voie royale pour matérialiser notre vision au niveau de la manifestation. Pour citer Madame Blavatsky : « L'énergie suit les pensées », ce qui a été d'ailleurs énoncé et étayé par la physique quantique dans les années 1940. Le mysticisme et la physique se rencontrent sur le chemin de l'illumination. La capacité de percevoir un état qui n'est pas encore matérialisé ou une situation idéale avec tous ses sens fait partie des capacités mentales supérieures. La focalisation soutenue maintient le laser spirituel sur un objectif ou une mise en œuvre précise. Ainsi, l'énergie n'est pas seulement générée, mais dirigée dans la direction souhaitée. Dans ce contexte, l'harmonie avec les dimensions supérieures de l'âme joue un rôle important. Le pouvoir créatif imaginatif est le secret du pouvoir de guérison. Les guérisseurs célèbres les utilisent afin de produire des guérisons étonnantes en se concentrant uniquement sur l'état de santé optimal du client. Ils ne considèrent aucunement la personne malade, mais ils se bardent d'une confiance déterminée et inébranlable exclusivement sur le résultat souhaité. La tangente entre le présent et le futur ou entre l'état existant et souhaité est perméable et flexible en physique quantique. La guérison est déjà consumée au niveau énergétique quand elle entre en résonance avec la corde de l'instrument et qu'elle vibre dans la réalité matérielle. Par conséquent, à travers les réalités variables, l'information « guérison » résonne avec la personne convalescente au plus haut niveau possible.

Le pouvoir de la méditation désamorce et transforme les charges négatives. Ce fait a été scientifiquement étudié dans le contexte d'une réduction de la criminalité ou de son influence sur les négociations de paix. L'imagination comprend la capacité de visualiser et de se concentrer de manière claire et vécue, grâce à une empathie émotionnelle vivace, sur le résultat final souhaité. Ainsi, il est possible de guérir de manière holistique, d'harmoniser des situations et de promouvoir des développements orientés vers les solutions. Last but not least, c'est le moyen le plus simple de mettre en œuvre la conception d'une nouvelle réalité. Le succès dépend des capacités et du pouvoir de l'imagination et de l'empathie ressentie, couplés à une conviction profonde que ce à quoi on aspire est déjà réalisé. Dans le passé, le pouvoir de l'imagination était dénigré et considéré comme « pas réaliste », ou comme une « rêverie », « une fantaisie sans substance ». Le savoir quantique inclut le concept des champs : le champs vital, le champs holographie et les champs morphogénétiques pour n'en nommer que quelques-uns. Tout semble naître de l'imagination. Pour citer un exemple concret, les agroglyphes sont créés à partir d'un idéogramme géométrique. Il est fascinant que des personnes qui méditent puissent contribuer à façonner leurs formes.

L'imagination doit être en fait stimulée avec clarté et discipline. C'est un foyer d'attention subtil qui est intentionnellement dirigé dans une certaine direction. Ce processus nécessite au préalable d'avoir clairement pris connaissance du but de votre âme et de la façon dont il peut être réalisé dans cette incarnation. Le courant de l'intention et l'énergie des émotions façonnent les cordes de la réalité pour composer soit une mélodie harmonieuse soit une cacophonie. Cet acte créatif requiert une application pure et clairement délinée. Par contre, le fait de refouler ou de ne pas faire usage du pouvoir de la pensée et de la conscience nous privent d'une grande partie de notre souveraineté spirituelle.

Tout ce que nous imaginons de façon cohérente possède une qualité véritable. Des scénarios de désespoir, tant individuels que collectifs peuvent répandre le manque d'espoir, tout autant qu'une confiance inébranlable profondément ancrée dans le développement d'une humanité autonome et souveraine. C'est en fait ce qui contribue à la création de tendances prêtes à engendrer le monde que nous sommes dans le processus de créer. Que voulons-nous vivre ensemble ? Je répète : les masses cognitives sont en réalité des forces créatrices concrètes constituées d'émotions et d'actions. Les pensées lancinantes et désespérées rendent les gens et les sociétés malades. Ces réflexions doivent nous inciter à devenir progressivement maître de notre flux de pensées et à le contrôler plus consciemment. En outre, l'activité cérébrale colore l'aura dans les teintes et les longueurs d'onde qui reflètent les processus internes. A son tour l'aura irradie notre réalité dans le monde.

Voici maintenant 2 exercices pour stimuler le pouvoir de la pensée dans une direction bénéfique.

PREMIER EXERCICE : C'est un exercice de synthèse. En prenant une perspective plus large, nous sommes capables de définir l'essence ainsi que notre priorité au sein d'un sujet choisi. Il est plus facile de trouver des solutions en considérant la situation avec du recul soit d'en haut, soit d'un point de vue latéral. L'esprit gagne une vue d'ensemble plus vaste grâce à une perspective plus inclusive. Ainsi des options d'action réfléchies et équilibrées sont mises efficacement en œuvre dans la vie de tous les jours. La démarcation saine gagnée par la distance acquise nous offre également un soulagement émotionnel nécessaire. On pourrait comparer cet état d'esprit avec la révision en fin de journée que l'on pratique avant de s'endormir.

Deuxième exercice : « faire comme si » correspond à l'extraordinaire puissance imaginative de l'enfance. Alors que nous étions enfants nous passions notre temps à jouer. En tant qu'adultes, nous travaillons, ce qui est la même chose. Le drame, c'est que nous avons oublié la fascination et l'enthousiasme que nous ressentions en jouant. Le jeu est une façon de pratiquer la vie, en développant certaines qualités que nous pouvons projeter dans l'avenir. Ceci est exécuté avec une intention très pointue et une intensité indivisée. L'adulte oublie ce grand cadeau créatif quand il commence à craindre que les choses ne fonctionnent pas et que les autres ne seront pas satisfaits, ce qui entraine des jeux de puissance variés. Dans un premier temps, on va pratiquer le « faire comme si », la simulation dans des situations simples et anodines de vie, celles qui n´auront pas de grandes conséquences. Encore une fois, les émotions jouent un rôle décisif car c´est l'élément le plus déterminant dans l´art de façonner la réalité. Il est nécessaire de pouvoir se transposer dans la situation, telle que vous voulez la vivre de façon empirique. Aujourd'hui, nous aimerions être un peu plus heureux. Rien de plus simple : ayez vous-même l´air un peu plus heureux en mettant un léger sourire sur vos lèvres. Au début, il se peut que l´expression de votre visage vous apparaissent un peu artificielle et même fausse ou hypocrite. Mais « Ô miracle » votre sourire vous est miroité par un passant ou un voisin ! Les graines que vous semez vont faire éclore leurs fleurs enchantées dans le monde. Grâce à des retours positifs, à des compliments ou même des remerciements, votre sourire viendra d'autant plus du cœur. En utilisant cette technique du « faire semblant » comme tremplin, nous mettons un flux d'énergie en mouvement qui nous revient immédiatement et crée la réalité que nous voulons partager avec nos semblables. En même temps, un enchaînement est créé bien au-delà de ce que nous avions enclenché à l´origine. Il se développe indépendamment et se répand dans la société des hommes. Pratiquons un peu de gratitude aujourd'hui. La gratitude possède la qualité distinctive de multiplier les choses positives. Elle agit comme un verre grossissant, comme une loupe qui intensifie ce pourquoi on est reconnaissant à l'intérieur comme à l'extérieur. Le principe du « faire comme si » soutenu par le ressenti et l'intention active un fort modèle créatif pour manifester un monde meilleur.

e) Horizon mental - spirituel

Notre conception mentale inclut la conscience diurne et journalière, l'inconscient et le subconscient, la conscience collective ainsi que la conscience suprapersonnelle et collective. Il existe de nombreux niveaux de notre conscience qui restent en friche si nous nous concentrons uniquement sur la vie quotidienne. Ce sont les thèmes avec lesquels nous sommes constamment occupés. D'un certain point de vue, on dirait que tout est fait pour nous clouer à la routine quotidienne. Ainsi, nous nous transformons en hamster dans sa roue : non seulement nous gaspillons nos forces mentales sur des thèmes plus ou moins anodins, mais nous faisons du surplace. Puis il y a les changements et les bouleversements, venants de l'extérieur ou initiés de l'intérieur (voir mon livre « CRÉER UNE IMAGE DE SOI »), qui provoquent des questionnements, des réévaluations et des réorientations. Ces phases sont souvent appelées « crises de vie ». Même si elles peuvent être très bouleversantes, elles sont d'autant plus nécessaires dans un monde où l'apparence et le fonctionnement sont au premier plan. La superficialité, l'actionnisme, faire bonne impression masquent les courants souterrains d'incertitude, d'absurdité et de résignation. Les crises de vie secouent et nous donnent l'opportunité de prendre un nouveau départ. La conscience s'élargit et gagne un horizon plus large ainsi qu'une compassion plus profonde pour soi-même et autrui.

Même sans crise de vie, il est possible d'ouvrir ses œillères, d'acquérir de nouvelles connaissances, d'oser s'aventurer dans de nouvelles sphères. L'effort continu et l'évolution en accord avec l'épanouissement de l'âme résonnent avec le flux naturel et avec la plénitude de l'univers. Progresser par ses propres moyens est toujours un atout qui s'inscrit dans la mémoire, même s'il ne mène pas directement au succès. La réverbération des vagues d'intentions entre en résonnance avec l'éther. Résonance signifie vibration et interaction sur une longueur d'onde similaire. Il en émerge des synchronicités, des coïncidences heureuses ainsi que des signes porteurs d'information. A l'extérieur, il y a des rencontres, des solutions et des réponses qui surgissent de constellations favorables : il s'agit d'être au bon endroit, au bon moment avec les bonnes personnes. Ces convergences semblent s'installer par hasard au fur et à mesure que le bon morceau trouve sa place dans le grand puzzle. Nous devenons réceptifs pour de nouvelles idées et des perspectives qui se développent à l'intérieur de la conscience. L'inspiration supérieure, l'intuition ainsi que l'esprit inventeur et créateur sous forme de flashs deviennent plus accessibles. Les changements intérieurs résultant d'expériences transformatrices et révélatrices, telles que des états mystiques ou des perceptions clairvoyantes, tout autant que des expériences de mort imminente et autres expansions de conscience similaires font partie de notre vie quotidienne. Les signes ne sont pas toujours compréhensibles dans l'immédiat, mais plutôt en rétrospective. L'horizon spirituel reste réceptif, en nous donnant le temps d'interpréter et de classer les impulsions.

On dit que l'espoir meurt en dernier. Allons un peu plus loin. Si la vie est perçue comme un miracle, la volonté de vivre des miracles est d'autant plus grande : et nous en attirerons des petits et des grands. Et nous faisons un pas de plus, lorsque la grâce a une place dans notre vision du monde. Quand nous sommes capables de l'enregistrer et de l'accueillir, nous lui laissons la porte ouverte. Il ne s'agit pas d'une invitation au « fatalisme optimiste ». Au contraire. C'est pourquoi je souligne la situation et l'importance de fournir notre propre effort, au travers de notre responsabilité personnelle et énergétique. Comme le souligne abondamment Omraam Mikhael Aivanhov : il s'agit du focus constant et de l'alignement quel qu'en soit le résultat. Cette attitude concentre la force puissante dans la direction souhaitée elle-même, sur le chemin qui y mène. Spirituellement, c'est cet effort pur qui compte vraiment. Ce point de vue est contraire à la pensée New Age sur le succès qui est très axée dans le sens d'obtenir des résultats. En soi, l'équation de l'effort et de la manifestation est très orientée vers le matérialisme. Tout doit être rentable et on exige presque une garantie que l'objectif sera atteint.

Finalement, il ne nous reste qu´à affiner et à intégrer notre propre perception. Elle est stimulée par la curiosité intérieure et le sens de l'observation. Réveillez-vous et parcourez le monde de manière proactive avec des yeux ouverts, des oreilles réceptives, en sentant, en ressentant, en touchant, et en explorant le goût et l´odorat. Que nos sens soient aiguisés !

f) Les divisions fatales

Traitons d'abord de la séparation entre le matériel et le spirituel. La vie, l'existence de l'homme paraît être divisée en deux aspects. Soit que vous êtes dans un édifice religieux, dans un séminaire dédié à des sujets spirituels ou vous vous socialisez avec des personnes partageant vos intérêts religieux. Soit que vous vaquez à vos occupations journalières et la plupart des gens n´y voient rien de spirituel. Comment se fait-il ? Si notre essence est issue des dimensions supérieures et qu´elle imprègne tout, notre être porte cette information originelle toujours et partout - tout autant dans l'état incarné et ses différents aspects que dans la vie spirituelle. L'étincelle divine lumineuse rayonne imperturbablement à travers les couches du doute, de la peur, de la haine de soi, de la culpabilité et de la honte. Il est indispensable que nous nous rappelions le caractère sacré de la vie dans toutes les interactions de l´existence.

Le concept du « pécher » parvient à amoindrir l'existence divine en une personne qui efface l´aspect précieux de son être. Il est alors blessé et tué dans les guerres. Son intégrité est dégradée et violée par la coercition, la stupidité et l'uniformité.

Le matériel et le spirituel sont deux aspects de l'unité, tout comme l'électricité et le magnétisme sont deux facettes de l'électromagnétisme. Ou comment le jour et la nuit forment chacun douze heures d'un rythme quotidien de 24 heures. Les deux pendants se complètent et s'appartiennent, l'un n'existant pas sans l'autre. C'est le monde de l'harmonie à travers des polarités qui reflètent leur unité intrinsèque dans la 3ème dimension. Je sais que je suis petite car je connais des personnes qui sont plus grandes que moi et vice versa. C'est une question de quantité ou d'intensité et non de valeur. Notre dénominateur commun est notre humanité. Bien sûr, il existe toute une gamme de tailles différentes entre un nain et un être humain atteint d'acromégalie.

La distorsion conduit à la dualité, qui introduit une idée de valeur ou de comparaison. Comparer plutôt que compléter implique que l'un est meilleur ou plus souhaitable que l'autre. Encore une fois, cela mène au jugement, à la condamnation et à la concurrence. Puis suivent l'aliénation, l'exclusion, les luttes contre le temps, contre le diabète, contre les escrocs, contre un « isme » ou une autre idéologie. Le principe d'être « contre ». Cette attitude est à l'opposé de l'inclusion et de l'intégration, ce qui comprend la liberté de choix et la richesse créative des variabilités sous forme de nombreuses possibilités. Elles contiennent les occasions individuelles et spécifiques qui reflètent l'abondance infinie et prometteuse des mondes intérieurs en gestation prêts à éclore dans le monde manifeste à l'aube d'une nouvelle journée.

Et si nous nous apprêtions à vivre notre humanité dans la vie quotidienne en tant qu'être spirituel ? Dans ce but, il est indispensable de réaliser que seule notre fréquence est le facteur décisif de faire des choix. Nous choisissons, ou mieux encore, nous préférons une vie puissante, aimante et créative qui incarne notre multi dimensionnalité à une existence léthargique, restreinte qui fait abstraction de notre dimension spirituelle.

Ce qui est remarquable, c'est la scission entre le spirituel et le matériel à la fois en Occident et en Orient. Entre autres, elle sert les structures de pouvoir des hiérarchies. Partout, elle transforme l'être divin dans son essence en une faible ombre. Il devient impuissant et désespérément limité par la peur et le danger. Il se rebelle de temps à autre et quelquefois contre des choses insignifiantes, car il a perdu la vue d'ensemble et le sens de l'essentiel. Mais trop souvent, il considère la vie comme un destin fataliste à endurer. Ce regard résigné reflète l'impuissance de l'homme, qui a non seulement renoncé à son pouvoir et à sa force pour l'abandonner à des entités étrangères, ainsi qu'à sa liberté, à son sens des responsabilités et par conséquent, à sa dignité. Ce qu'il faut, c'est le courage de guérir cette division intérieure en rétablissant la connexion afin de ressusciter notre être intérieur dans son accomplissement complet originel.

Le corps est connecté à l'univers par les 7 chakras principaux. Nous recevons constamment la force vitale des dimensions cosmiques via l'aura et le chakra. Sans eux, il n'y a pas de forme physique, pas de santé et aucun accès à la nourriture spirituelle. Notre matrice subtile et énergétique nous porte et nous soutient dans les activités quotidiennes ainsi que dans l'existence spirituelle. Les différents niveaux sont directement connectés les uns aux autres. Un autre objectif est d'améliorer la connexion entre les deux hémisphères du cerveau. Le lien entre la logique intellectuelle et la réceptivité émotionnelle, la conscience expansive ou entre le yin et le yang restent encore à développer.

Le troisième clivage se situe au niveau de la perception. L'homme moderne a appris à voir avec sa raison ou son esprit et à sentir avec son corps. La scission se produit déjà en l'enfance, lorsque le jeune humain est amené à se concentrer sur son focus optique au détriment de la perception holistique qui est plutôt assimilable avec un ressenti vaste et profond. Il est encouragé à ne « croire » que ce qu'il voit. Cela s'adresse principalement à l'extérieur, à l'apparence, à une superficialité obtuse, sans prendre le risque de voir, de sentir, de ressentir ou de lire entre les lignes. Ainsi, il ne remettra pas les choses en question. Il en résulte un sens de prédilection (la vue) alors que les autres sont négligés ou induits en erreur - par des senteurs artificielles ou des sons disharmonieux et dérangeants. Avec le temps, les sens s'émoussent. Et nous regardons fixement et obtusément l'horizon, jusqu'à ce que l'instant dans sa magie créatrice nous soit volé.

Peut-être pouvons-nous nous rappeler un exemple de l'enfance ou même de la jeunesse où nous avons été trompés par une impression attrayante au premier abord. Cependant, le sentiment intérieur et l'intuition nous chuchotait quelque chose de complètement différent. Et même l'odorat, qui peut détecter les entités car elles dégagent souvent une odeur désagréable. En effet, le sens de l'ouïe peut percevoir des « mots » ou des « phrases » non prononcés mais pensés. Également à l'âge adulte où nous n'avons pas pris au sérieux notre première réaction intuitive. Nous l'avons réprimée. Les sens psychiques inutilisés sont non seulement négligés, émoussés et indifférenciés, mais il y a un manque de confiance en leurs propriétés qui ne sont pas considérées comme valides et dignes de confiance. On finit par douter ce qu'on éprouve. Vous pensez que vous imaginez quelque chose au lieu d'en faire l'expérience directe et d'en tirer votre propre conclusion pleine de sagesse ! Vous ne « croyez » que ce qu'on vous dit et ce que vous devriez croire et ce que vous avez le droit de croire. Où est le portrait de l'être divin avec ses attributs divins ?

Le bruit excessif, la vitesse, l'accumulation de données ainsi que le bombardement d'informations dont l'origine et la validité ne peuvent être prouvées, détruisent nos fins sens, qui sont faits pour fonctionner les uns avec les autres, se compléter et, comme six guides spirituels, nous guider dans l'inconnu. C'est pourquoi il est préférable de se détourner de l'excitation et du bavardage flagrants, insensés et éphémères. Ils contribuent à la confusion ou au moins à l'ambiguïté, à la distorsion et à la séparation de l'intégrité et de l'unité intérieure. En même temps, ils abaissent notre fréquence énergétique. Pour contrecarrer cela, nous recherchons le retrait en silence mais aussi le mouvement actif dans la nature, les échanges nourrissants avec des personnes partageant des idées semblables, la créativité et la réflexion libre. Puis, nous nous rappelons du fait que nous sommes porteurs de l'étincelle divine à l'intérieur, qui rayonne tout autour vers l'extérieur. Maintenant, il est important de l'activer afin de ne faire qu'un avec nous-même ainsi qu´avec d´autres humains tout en gardant une vue d'ensemble.

7. PROTECTION ET ABUS DE POUVOIR

> a) La démarcation en tant que protection
> b) Délimitation extrême
> c) Altérité
> d) Auto - aliénation
> e) Démarcation et défenses

a) La démarcation en tant que protection

La démarcation peut être considérée comme une forme de protection pour séparer l'intérieur de l'extérieur afin d´éviter le mélange entre les deux ou toute autre influence indésirable. D´un certain point de vue, elle endosse une fonction conservatrice positive. D´un autre point de vue, cela peut signifier l'exclusion ou le fait de ne pas faire partie, de ne pas pouvoir appartenir au groupe. L'exclusion rend la participation impossible et détruit l'unité. Cela en fait deux qui se séparent, s'isolent, se délimitent et agissent même l'un contre l'autre. Finalement, nous faisons face à une séparation, à des contraires, des différences, peut-être aussi avec des valeurs qui se rivalisent. « Ne pas pouvoir, ne pas vouloir ou ne pas partager » est la caractéristique, qu'il s'agisse de temps, d'espace, d´argent, de connaissances ou d'informations. La propriété est un problème particulier : ce qui est à moi n'est pas à vous. Le matériel qui n'appartient à personne ou à tout le monde est classé selon des critères particuliers - souvent financiers mais aussi dépendants de l'origine et de l'affiliation. Selon la situation, la propriété est enlevée à certains ou elle leur est rendue inaccessible.

« C'est à moi, c'est le mien » est l'un des premiers termes que les enfants sont capables de prononcer en relation avec leurs jouets ou leurs personnes préférées. Posséder quelque chose auquel les autres ne sont pas autorisés ou qu'ils ne peuvent partager est perçu comme spécial : que ce soit une chose rare, de valeur ou de qualité supérieure ou un objet qui, pour une raison quelconque, n'est pas accessible à tout le monde. Alors commencent les jeux de pouvoir et les guerres, la compétition, le désir de ce qui appartient aux autres et ce à quoi on n'a pas droit. Pour cela on construit des murs de protection, des clôtures, des bordures, des lignes de séparation et des barrières, à l'intérieur comme à l'extérieur. Dedans ou dans l'enceinte règne la sécurité, la confidentialité et la commodité, ainsi que l'abondance. En dehors, il y a le danger, l'absence de défense, la pénurie, la menace, le dénigrement des frontières, le manque de respect, l'exploitation et la misère.

D'un point de vue matériel, il s'agit de la pauvreté et de ses effets qui, à long terme, minent la santé, l'intégrité et la dignité des personnes.

Au sens psychologique, il existe une ligne floue où la liberté, le respect, le libre arbitre et la perception du cadre spatial doivent être pris en compte : où sont mes limites ? Où commencent les vôtres ? Pour les personnes dont les propres limites ont été blessées, le sens de démarcation envers autrui est quelquefois difficile à définir. Leur sensibilité est quelque peu erroné comme la capacité à évaluer la cohérence des besoins et des tendances individuelles ainsi que la pondération des différences en termes de proximité, de rythmes personnels et de délimitation intuitive et même instinctive. Le manque de respect a tendance à se développer comme un « effet secondaire ». Cela prête quelquefois à des malentendus. Dans ces circonstances, une rencontre amicale peut être perçue comme irrespectueuse ou négligente. L'empathie ressemble plus à une projection des besoins propres qu'à la perception des besoins de l'autre. L'estime de soi ainsi que le sentiment de la valeur et des priorités de l'autre sont déformés. Un manque de clarté des limites entre « toi » et « moi » rend le relationnel difficile : il règne soit un excès de proximité, soit un détachement énigmatique, résultant en un manque d'équilibre ce qui rend les interactions plutôt compliquées. On se pose la question suivante : le jugement faillible découle-t-il de l'expérience durant laquelle les frontières ont été violées ? Ou est-ce plutôt l'inverse : le non-respect des délimitations est-il dû à des limites s´exprimant sous la forme d'une ouverture excessive, qui rendraient inconsciemment le dénigrement des limites personnelles possible ?

b) Délimitation extrême

Dans cette section, nous voulons examiner les extrêmes de la démarcation, dans les deux sens, soit comme protection excessive jusqu'à l'isolement, soit comme ouverture excessive atteignant la dissolution. Voici quelques exemples de signes et de symptômes qui peuvent indiquer une aura trop ouverte.

Dans cet état, elle ne peut garantir sa fonction principale de protection de l'unité corps-âme-esprit. Elle devient non seulement perméable et non étanche, mais même poreuse. Cela signifie qu'il y a une fuite d´énergie et qu´elle peut être facilement exploitée par les vampires. De plus, les valves de l´aura sont épuisées et ne remplissent pas correctement leur fonction de filtrage. C´est un aspect de l'anatomie subtile qui est peu connue : l'aura saine contient des tamis en forme de vortex qui filtrent les impulsions énergétiques du champ morphogénétique. Si ces valves sont affaiblies dans leur efficacité, elles laissent passer beaucoup plus d'impressions qu'elles ne peuvent en traiter. Elles laissent également pénétrer des énergies qui peuvent être lourdes, tendues et malsaines. Voici une liste de symptômes associés à une aura trop ouverte ou épuisée :

Physiques : Fatigue, manque d'énergie, sensation de froid et tiraillement entre les omoplates, faiblesse du plexus solaire.

Émotionnels : Peurs, cauchemars, susceptibilité à l'influence, tendance à se confondre avec l'autre ainsi qu'un comportement caméléon qui tend à imiter les gestes ou les modes d'expression. Tendance aux addictions. Se sentir mal dans une foule. Se sentir débordé et ne plus savoir quoi choisir lors de vos achats. Adopter les symptômes des autres. De fortes sautes d'humeur. Apparition soudaine de sensations inconfortables à certains endroits.

Mentaux : Pas d'intérêts ni d'objectifs propres. Distraction. Dichotomie entre des exigences spirituelles élevées et son propre style de vie par exemple : La personne veut changer le monde mais elle est incapable de payer son loyer ; ou en d'autres termes, elle veut atteindre l'illumination mais néglige les nombreuses petites étapes qui pourraient y conduire.

Les gens se protègent « pour des raisons de sécurité » contre eux-mêmes et leur propre environnement pour des raisons personnelles, familiales, locales, nationales, internationales ou géopolitiques, jusqu'aux dimensions exo-planétaires. L'humanité se protège sans fin contre ses semblables et autres êtres tels que les plantes, les animaux, les micro-organismes, contre le visible et l'invisible, l'incarné et le non-incarné. Des bombes lacrymogènes jusqu'aux armes cybernétiques, l'homme est toujours en fuite ou prêt à se défendre. Dans la vie numérique moderne, ce facteur semble être si spécialisé et omniprésent que les rituels de protection et de peur des anciens habitants de la terre contre la foudre ou la colère des dieux sont largement dépassés.

c) Altérité

La fascination pour autrui inclut attirance et défense, entre fusion et exclusion, entre intégration et extermination. Cela semble être un thème éternel pour les humains en tant qu'individus ou que peuple. À long ou à court terme, l'unité qui abrite l'éternelle lutte entre les dichotomies l'emporte toujours. Être et rester soi-même et en même temps faire partie de l'humanité. Un dilemme plein de richesses ainsi que de fluctuations et de vagues d'évolution du niveau du clan jusqu´à l`ère de la globalisation mondiale. Au microscope, elle ressemble à la cellule qui combat sa semblable, se délimite d´elle en se retirant, pour s'intéresser à une autre cellule un peu plus tard. Viennent ensuite la convergence puis l´éloignement, qui au fil du temps éveillent un désir d'unité et créent quelque chose de nouveau à partir du mélange des deux. C'est ainsi que naissent les rencontres et que les contraires émergent pour, finalement, construire des ponts. C'est ainsi que les cultures se déploient dans leur diversité colorée.

"Je ne suis pas comme les autres", "Je suis différent". Ceci est tout à fait juste, du fait que la variété de l'altérité est l'intention fondamentale du moment où nous avons quitté l'unité cosmique pour nous propulser vers les innombrables possibilités de l'existence matérielle. Le divin se déploie afin de se reconnaître dans l'infinie multiplicité de l'existence. En soi, ce mouvement qui représente la force motrice de l'évolution n'est pas à freiner, mais plutôt à explorer et à façonner consciemment. Tout à fait individuellement et à votre rythme, avec intention et attention contrairement aux guerres, à l´isolation ou la dissolution de l´individu dans un système que ce soit un partenariat où une famille au sein d´un pays, d'une nation ou d'un village global géré par un gouvernement unitaire gardé en place par l´armé, la police, l´institution religieuse l´éducation. Là, l´originalité et l'individualité sont réduites, réprimées, englouties et détruites.

Le besoin fondamental de maintenir notre propre unité est lié à notre survie. La recherche de sa propre unité est toujours plus ou moins menacée mais aussi stimulée par des impulsions extérieures par le monde physique qui vous envahit et vous domine, les impressions sensorielles intrusives - (bruit, voix, parole et vitesse, lumière, odeurs), la proximité physique qui pénètre l'aura ou les regards qui envahissent la vie privée, les pensées qui affectent l'intimité et la volonté qui dérangent la réflexion mentale, l'interdit qui restreint la contemplation des sphères et entrave la fusion finale de l'âme avec l'infini. Jusqu'au prochain souffle, qui à nouveau se dilate, inclut et absorbe pour encore une fois se refermer, se resserrer et expulser le dernier expire.

Chaque jour, nous avons le besoin fondamental de clarifier, de délimiter et de redéfinir notre propre identité, en l´affirmant et en la proclamant au monde extérieur, comme le font également les autres. Les egos s'épanouissent et montrent leurs limites, mais aussi leur ouverture. Ils évoquent des jeux similaires qu´ils laissent tomber lorsqu'ils sont prêts pour la coexistence, la solidarité et l'altruisme. Les bonnes intentions se mêlent à la curiosité, aux subtilités envahissantes, à l'ingérence insistante pour essayer de dicter ce qui est bon et juste pour vous. Volonté d'aider avec des effets secondaires et gâtée par les attentes et liens de réciprocités jusqu´à nous forcer la main. C´est tout à fait le contraire de l'inconditionnel et de la considération. Aide non désirée, commentaires, opinions et conseils. Tout sauf le respect de l'altérité et de l´individualité de l'autre. Il faut aborder ce « mieux savoir » et ce franchissement des frontières frontal, de façon tout aussi directe. La générosité captivante, non sollicitée et non annoncée le plus souvent enrobée de sucre et d´émotions disproportionnées est en fait vécue comme collante et contraignante. Il est sous-entendu que la même chose devrait être retournée, sans prendre en compte si la personne le souhaite ou non. Une persistance et une urgence dans les dons, dans les souvenirs et les mots ou dans la présence restent incontournables et impalpables. La volonté de se sacrifier est au moins aussi généreuse que la volonté d´étouffer le monde de cadeaux et d´attentions surabondantes. Mais derrière cela se cache un cœur pleurant qui ne s'accepte pas et qui demande à autrui de le faire pour lui : « Donne-moi ton attention, je mérite d´être reconnu ! « Aime-moi, je suis si gentil avec toi. » On veut s´approprier ce quelque chose qui n´est pas accessible ; ou qui ne lui est pas donné précisément parce qu'il manque d'amour envers soi-même. L'extérieur reflète les processus internes, c'est la condition sine qua non de la vie : s´honorer, respecter le moi intérieur, pratiquer l'amour de soi. Cet amour de soi qui débute par la dignité et la pleine conscience de son être intérieur.

Je suis moi et tu es toi. Cependant, nous avons tellement en commun à travers notre origine humaine que tu me reflètes comme un miroir, en projetant mon être intérieur vers l'extérieur. Tu rends ce qui est caché en moi visible. Et je te reflète ce que tu as enfoui en toi. Ou encore, ce que tu rejettes en moi, c´est précisément qui tu es dans en ton essence. Et vice versa. Peut-être incarnes-tu ce qui me complète et ce dont j'ai toujours rêvé jusqu´à présent en vain, afin d'être de nouveau complet ? C´est à dire le divin qui sous-tend notre individualité : le divin en toi et le divin en moi se reflétant réciproquement.

d) Auto - aliénation

Ensuite, il y a l'aliénation de soi : le soi est étranger par simple identification avec le monde extérieur, au travers de rôles et valeurs éphémères. Ce qui se passe à l'intérieur est ignoré, refoulé et considéré comme inaccessible. C'est comme si on se fuyait indéfiniment. C'est très épuisant car le moi est éternellement et constamment présent et indissociable de nous sommes vraiment. Quel état de tension ! N'est-ce pas la source de toutes les tensions internes jusqu´au conflit et au dilemme ? Cela crée un vide, un vide intérieur, qui à son tour exige d´être rempli. D'où tout l'actionnisme, la course, la recherche éternelle et l'addiction aux objets, aux occupations, aux relations et à la convivialité en toute sorte. En général, cet état d´être est reflété par autrui : on s´imagine n´être rien ou même ne rien avoir. Ce qui veut dire que l´on a constamment besoin de quelque chose, afin de boucher l'abîme intérieur abandonné, qui ne peut jamais être rassasié car il est ignoré. Ou bien l´on fait comme s´il n´était pas là. La société de consommation trouve une niche parfaite dans ce vide intérieur. Il en faut de plus en plus, cependant on ne trouve jamais ce que l´on veut, et surtout, jamais la véritable nourriture spirituelle, celle qui enfin rassasie.

Il y a l'aliénation du corps affligée par le manque d'ancrage, cette tentative constante d'incarner. Il y a les inévitables tentations du corps répertoriées comme "péchés capitaux". Il y a la condamnation de l'existence terrestre par les religions ou la surestimation de la vie matérielle. Non, on ne vit pas qu'une fois. Il y a la négligence du corps qui s´exprime par le développement de maladies physiques et le sentiment général de " ne pas se sentir bien dans le corps". A l'autre extrême, il y a la glorification du corps matériel physique et de son apparence telle qu'elle devrait correspondre aux attentes et au formatage qui est admiré démesurément. Tout se passe en surface, mais cela a des racines et des conséquences profondes.

Ce système de rétroaction sophistiqué et raffiné aliène le monde des émotions. Il s'étend des plus hauts niveaux d'existence de l'âme immortelle et illimitée jusqu´au gros orteil droit (par exemple). Comment tout cela est-il perçu? Ce qui est fascinant à ce sujet, ce n'est pas seulement le sentiment lui-même, mais sa diversité et sa différenciation et, plus important encore, la conscience du ressenti, c'est-à-dire l´orientation de l'attention sur les processus perceptifs. Et en fait, quelles conséquences en sont tirées, qui à leur tour évoquent la création des expériences supplémentaires de ce niveau du consensus. Faisons maintenant une pause sur l'étape intermédiaire du ressenti-pensée, ce pont qui relie le mental et le perçu. Parfois, ils fonctionnent de manière opposée : ainsi mon envie ou mon sentiment m´inspirent ceci, mais ma raison me dicte un autre choix . Par exemple, j´aspire à être comme ça mais en fait, je me comporte autrement. Le pont entre ces deux aspects est semblable à la connexion entre les deux hémisphères du cerveau. L'équilibre entre la fluidité et la structure, l'espace et la restriction ? ainsi que d'autres polarités nous fournissent une tension créative. La plupart du temps, on est projeté d'un côté à l'autre, ce qui crée un conflit. La solution se trouve dans la correspondance alchimique des éléments eau et feu, les aspects yin et yang, la sensation et la volonté. Dans la variante la moins avantageuse, le feu porte l'eau à ébullition ou l'eau éteint le feu. Là où le feu et l'eau peuvent être réunis en harmonie, le feu amènera l'eau à la température appropriée. C'est là que la vie peut se développer, tout comme l'exercice sain et la relaxation bénéfique. Les principes et les valeurs de l'homme résident dans sa réflexion. Ils définissent les priorités du cœur et de l'accomplissement émotionnel qui apportent la paix de l'esprit. Jusqu'au prochain défi qui bouleverse le tout ou rend la situation intéressante : c'est justement une question d'attitude. Car c'est elle qui crée le pôle de calme entre les extrêmes (la raison et le sentiment) et aussi entre les thèmes successifs de la vie qui ont tendance à se répéter. Désescalade ou même refus de s'impliquer dans le stress repose sur la décision basée sur la création stable d'une certaine harmonie entre intellect et émotion. D'où la nécessité d'introduire une pause pour réfléchir, d'où l'habitude recommandée de tourner sa langue sept fois dans sa bouche avant de donner une réponse. Si l'on a davantage de temps, une nuit de repos est même une bonne idée avant de fournir la réponse.

En gros, on va créer un espace pour l'émotionnel - ou il se l'appropriera dès le départ ! Nous observerons d'abord la vague d'émotion soudaine. Ensuite, nous passerons à la raison et à l'analyse. Nous nous poserons des questions sur les raisons éthiques, nous allons considérer les priorités personnelles et temporelles et enfin nous examinerons de près la mise en œuvre pratique. Souvent, ces processus se produisent en quelques secondes. Pour les décisions plus importantes et vitales, il faut généralement plus de temps et d'attention. La meilleure décision ne dépend en aucun cas de la durée. Cependant, nous ne voulons pas agir de manière purement impulsive, n'est-ce pas ? Toutefois, nous avons tous fait l'expérience d'être ramenés à la première impression ou à la décision initiale, après avoir examiné l'ensemble de la gamme. « C'est la première chose qui a attiré mon attention », dirons-nous. Bien sûr, l'âme sait ce qu'elle veut et connaît instantanément la réponse. Même des PDG célèbres qui n'ont pas nécessairement développé leur côté yin admettent ouvertement qu'ils prennent finalement leurs décisions de manière intuitive.

Ensuite, il y a l'aliénation de la capacité mentale qui nous a été inculquée en tant qu'êtres humains. Le manque ou l'inondation de données et d'informations insensées et non pertinentes rendent les gens stupides et les conduisent en erreurs. Malheureusement l'humain fait le reste lui-même, de sorte que ses capacités de réflexion indépendantes sont entravées. Après on lui inculque qu'il n'est pas un expert. Ce facteur où il contribue à son propre abêtissement est particulièrement intéressant : cette action contre soi-même, le fait de se boycotter soi-même. Dans le passé, l'homme était contenu par l'ignorance. Maintenant, le jeu contraire, celui qui le submerge de savoir (faux et vrai) a prouvé être un succès incroyable. L'appât est avalé goulument : on veut plus d'informations prémâchées et on gobe tout. Cela rend la pensée aussi opaque que le hâle terne de la personne mal nourrie. Pas clair, flou et plein d'impuretés. Rien n'est ni traité, ni filtré et les déchets ne sont éliminés par le mental qui est surchargé de travail et a perdu la capacité de tamiser les infos. Il en résulte un regrettable dysfonctionnement avec des enchevêtrements mentaux absurdes qui déforment ou repoussent la vérité, au lieu d'y réfléchir clairement et logiquement. Marginaliser la vérité ou réfuter la vérité est une perversion mentale. En fait, cela s'appelle un mensonge ou une falsification afin de vous induire en erreur — falsifications qui seront répétées et transmises à autrui sans réfléchir aux implications éthiques. Finalement, il ne reste qu'un pas pour manipuler la capacité de penser : on n'a pas le droit de croire à ce qui est différent ou interdit ou à ce qui n'a pas été « prouvé ». En se concentrant uniquement vers ce qui est « autorisé d'exister », on croit se déplacer dans une zone sûre. Au moins, on peut confirmer le consensus et être d'accord avec tout le monde dans une réalité monotone qui est mortellement ennuyeuse et peu créative. Mais tout le monde prétend que c'est si joyeux et intéressant. Tout le monde s'accorde à dire qu'il doit en être ainsi. C'est précisément ce que l'esprit alerte et intelligent, doué et d'une pensée claire doit remettre en question et exposer. Il y a aussi ces capacités mentales qui sont promues parce qu'elles sont exploitées par l'entreprise. Il s'agit de forcer la productivité et l'inventivité à des fins rentables, et non pas une créativité gratuite et généreuse au service de tous.

Ensuite, il y a l'aliénation de sa propre spiritualité avec un accent sur l'identification avec le physique, avec quelques émotions préprogrammées et des pensées contrôlées de l'extérieur. Dans ce cas, le niveau spirituel affaiblit, se réduit surtout à répéter ou à colporter ce que les parents croyaient. C'est l'héritage de la foi, pour ainsi dire. Ce n'est pas seulement la séparation de l'unité qui caractérise l'insuffisance humaine, mais aussi l'oubli ou, plus précisément, la suppression de notre origine cosmique, éternelle et illimitée. Nous sommes des êtres spirituels avec des connexions et des antennes universelles. Notre être est constitué d'énergies immortelles et infinies, à savoir la lumière. La confusion et la peur du processus et de l'état de mort effraient les gens « à vie », au lieu de les informer et de les y préparer. L'image de l'homme éternel est réduite à une marionnette incertaine qui a peur de chaque pas et en particulier de faire le dernier grand pas, au lieu de le façonner consciemment en accord avec son origine divine.

Si nous nous efforcions de considérer notre vie comme une station au sein d'une série de vies reliées à nos incarnations précédentes et suivantes, nous ferions preuve de plus de perspicacité, de prévoyance, de sagesse et d'éthique. Certains deviendraient plus tolérants en conséquence, d'autres imposeraient des exigences plus élevées à eux-mêmes et à l'humanité. Ces attentes à notre égard sont basées sur les progrès limités que les humains ont réalisés. La technologie avance rapidement. D'un autre côté, le spirituel est sous-estimé et négligé. Dans la société moderne, il n'y a pas de place pour l'être spirituel sans attachements à quelque institution que ce soit. Oui, je parle de « foi » dans laquelle je perçois une unité avec d'innombrables variantes et des croyances aussi différentes qu'il y a de personnes. Quelqu'un a-t-il déjà conçu un appareil pour mesurer et peser la foi ? L'Inquisition avait certainement des normes superstitieuses basées sur des directives juridiques perverses. L'éradication de l'altérité et de ceux de foi différente était leur préoccupation et leur but. Cela a généré les croisades, les guerres de religion et surtout la chasse aux sorcières. Au niveau international et ceci depuis des décennies. Des courants similaires continuent de souffler à différentes époques et dans différents endroits du globe. Et finalement dans le monde entier, si nous le permettons.

e) Démarcation et défenses

Puis à un moment donné, il faut prendre ses distances avec les gens et les mesures qui s'enchaînent si bien qu'elles confondent démarcation et attaque. En effet, le processus de délimitation peut en partie être considéré comme agressif. L'excès de préoccupation, la transgression, le non-respect des limites et autres transgressions doivent être dénoncés et maintenus à distance. Parfois, cela signifie une véritable démonstration de force, que ce soit contre trop de « bien intentionné », contre toutes sortes de directives envahissantes ainsi que contre une interférence pure et simple de l'extérieur.

Il existe de nombreuses institutions différentes dans tous les domaines de la vie. Ce qu'elles ont en commun, c'est leur justification du bien, du juste, du vrai : l'aveuglément normal accompagné d'une vérité unique pour tous. De la violence familiale à la violence d'État. L'individu est étouffé. Les uns avec émotivité, les autres avec le monopole de la violence. « Pour votre bien-être, pour votre sécurité » est leur devise. « Contre ma liberté, mon autodétermination, ma vérité, mon credo » pourrait-on répondre.

D'une autre part, la douceur en excès devient collante et étouffe la vérité. Concrètement cela inclut tout ce qui est caché, ce qui n'est jamais exprimé, ce qui est balayé sous le tapis jusqu'au moment où cela va être révélé. De façon inattendue comparable à un torrent ou un volcan. En soi, ceci rétablit d'une certaine manière l'équilibre. La violence familiale est également un sujet brûlant s'exprimant en tant que comportement plus ou moins abusif ou en tant que crime d'honneur. Qu'est-il advenu de la sécurité familiale ? La douceur sucrée, l'amour suffocant n'en font pas partie non plus. Des sentiments de culpabilité ou d'infériorité sont souvent à l'arrière-plan de ce souci excessif des subtilités. Il existe de nombreuses idées fausses sur la capacité de donner et de recevoir l'amour. Là aussi, il y a un consensus social qui gère les rapports entre les personnes. Les attentes générales ne correspondent pas nécessairement aux besoins. Une proximité, une générosité ou des attentes calculatrices excessives et indésirables peuvent créer de telles pressions émotionnelles qui emprisonnent l'individu à un point où il n'a d'autre choix que de s'évader. C'est au moins une version pacifique.

Au-delà de cela, on a la médecine invasive, les lois et les mesures répressives, l'idéologie et la publicité agressives, comparables à de dangereux virus qui bouffent constamment le développement sain de la liberté et de l'autodétermination. En devenir conscient tout en sachant différencier devient l'art de la survie qui doit esquiver ici et là l'une ou l'autre attaque bien intentionnée. Quiconque veut échapper au formatage serré et allonger ses propres antennes doit être vraiment conscient de son pouvoir inné et de son aspect immortel. Pour cela, il faut suivre la sagesse des entrailles, le ressentit du cœur et faire usage de sa cognition supérieure qui révèlent notre être spirituel éternel et infini. La médecine invasive méprise directement les processus naturels de guérison du corps ainsi que les méthodes de guérison traditionnelles et nouvelles, qui, respectant les lois de l'équilibre, incluent la restauration de l'ordre originel. La médecine conventionnelle est souvent si agressive qu'elle retire la volonté et la décision du patient par surprise. Ce faisant, elle viole également le libre arbitre. Parfois, la pression, le chantage, la menace (Le patient sera dénié l'aide thérapeutique s'il ne se plie pas) ou la coercition sont également utilisés. Ceci est contraire à l'éthique, au sens juridique comme au sens moral.

Si nous observons certaines structures basées sur le pouvoir et la coercition, nous remarquons qu'elles sont une imitation pervertie des véritables lois, naturelles et universelles. On s´approprie des choses telles la terre, l´eau qui appartiennent à tout le monde pour les distribuer en portions civilisées. Tout a un prix, ce qui ne rend pas les ressources naturelles accessible à tous. La liberté coûte aussi quelque chose. C'est un système mafieux : je vais te protéger. Je demande tant pour cette protection. Si tu n´es pas d'accord, il n'y a pas de liberté pour toi, c'est-à-dire pas de sécurité ni d'autodétermination. Donc tu vois bien que tu as besoin de ma protection, n´est-ce pas ?

C'est l´art de créer un besoin où il n´y en a pas pour en développer une addiction. C'est l'art de la manipulation, du vol de la liberté, de l'oppression subtile. Mais qui t´oblige à y participer ? Ce jeu ne fonctionne que quand les 2 côtés y participent. Pour y consentir, tu laisses s´effriter tes limites saines, en doutant de ta force et de ta puissance, en renonçant à tes origines divines et à ton intégrité. C'est un jeu à deux qui applique à la fois la banalisation et la pression du groupe. En outre, il s´impose comme une méthode sans alternative où la possibilité de faire des choix libres parait impossible.

Bien sûr, l'imitation est toujours inférieure à l'original. Car l'ordre originel et la perfection universelle ne peuvent être imités. L'imitation fait partie de l'illusion et du monde perverti. Qui veut vivre une vie tordue contraire à l'harmonie en accord avec la force la plus élevée ? Qui choisit le chemin de l'entropie, de la douleur, du mensonge, de la violence, de la peur, de l'inutilité, de la tromperie ? Comment vit-on une existence non-alignée avec l'âme? Quel sera ton ressenti, lorsque la lumière va les éclaircir et les révéler pour ce qu'ils sont vraiment ?

Chacun doit pouvoir répondre de cela tôt ou tard - ici ou dans l'au-delà en accordance avec son âme.

8. VARIANTES ÉCLAIRÉES ET EXPANSÉES

a) Espaces variables
b) Liberté et inconditionnalité
c) Libre arbitre
d) Discernement et choix
e) Visible et invisible
f) La recherche constante de l´équilibre
g) Évolution et révolution
h) Considération finale

a) Espaces variables

Il semblerait que nous vivions dans un monde où la dépendance (jusqu'à la codépendance), la diminution des capacités humaines, la dégradation de la dignité et de la souveraineté humaine, les jeux de pouvoir et la peur ainsi que la lutte contre la vie paraissent parfois l'emporter. Peu de personnes remettent en cause ces programmes, qui façonnent tous les types d'existence tels que les relations interpersonnelles, l'économie, l'éducation, les religions, ainsi que la plupart des interactions sociales et sociétales. Égoïsme, recours au contrôle, tendances défensives, manque de confiance, comparaison et arrogance, ruse, lâcheté, soumission et son pôle opposé, la domination, infiltrent chaque échange à des degrés divers. Par exemple, la façon dont nous fermons la porte de notre appartement, regardons nos semblables, supprimons la force vitale de notre animal, le besoin de dominer autrui, la manière dont nous nous défendons et nous justifions, la peur de la mort, le manque de réflexion, l´obsession du matérialisme...des émotions telles que la vengeance, l'envie, la jalousie, la projection sur les autres, l'addiction au contrôle.

L'homme a renoncé à son pouvoir et à sa puissance et persiste dans la naïveté, la crédulité et la soumission. Le système prospère sur cette attitude. Il régresse et ignore la conscience de sa nature et de son origine spirituelle, de sa véritable essence infinie et illimitée. Il se réduit à une accumulation matérielle d'os, de chair, de comportements manipulables, de réactions émotionnelles prévisibles et récupérables et de données abstraites. Il l'assimile de plus en plus un robot.

Ce système, que certains appellent la matrice, est une simulation, une imitation de la réalité divine qui correspond à l'ordre originel supérieur. Si nous regardons à travers les mécanismes de la matrice, nous renouons avec le langage de la lumière et de l'amour.

Par variables éclairées, j'entends celles qui existent déjà dans les mondes éthérés parallèles, dans des espaces de variantes libres et illimitées. Elles existent pour la raison évidente que nous les évoquons à travers notre imagination, nos visions et nos aspirations. L'expansion fait référence à la capacité de maintenir une conscience élargie et de créer un monde idéal pour nous-mêmes. C'est maintenant le moment de le créer !

b) Liberté et inconditionnalité

Quelque chose a été perdu depuis des temps immémoriaux, qui laisse une plaie ouverte et qui est l'origine d'une nostalgie insatiable et de dépendances constantes. En conséquence, le concept le plus élevé de la liberté a été oublié, à savoir l'autodétermination en harmonie avec son âme unique et individuelle. Rappelons-nous d'invoquer notre liberté inhérente ! Grâce à elle, nous pouvons accéder à et faire des choix afin de décider du contenu et du mode de notre vie. C'est l'essence de l'individuation. J'entends par là l'indépendance au-delà des conditions extérieures telles que les autres êtres humains, le climat, la nourriture solide, l'argent, les émotions, les objectifs, les opportunités, la société, le temps et l'espace. C'est comme si une série infinie de conditions ou de leur absence aurait dépassé notre souveraineté pour déterminer notre existence.

Voici quelques exemples simples :

Je suis triste car le temps est mauvais.

Quand j'ai assez d'argent, je serais heureux.

Je ne peux pas vivre sans toi.

Je paie mes impôts pour ne pas finir en prison.

Quand je prendrai ma retraite, je ferai enfin ce que je veux.

Quand j'aurai émigré en Amérique, je commencerai une vie libre.

Je fais ça pour être aimée de tout le monde.

Si j'écrivais bien, je pourrais vendre beaucoup de livres.

Dans ce type de constellation, tout est conditionnel. Rien n´est « en soi ». Ce contexte suppose la motivation externe. Le résultat est que tout devient l'effet d'une condition. L´inconditionnel souligne la motivation intérieure et libre. Voici ce qui en résulte :

Je suis heureux qu'il fasse beau ou mauvais temps.

Je suis satisfait avec beaucoup ou avec peu d'argent.

Je vis ma vie volontiers ensemble avec toi.

Je paie des impôts volontairement ou je gagne si peu que je n'ai même pas à cotiser.

Je fais ce que je veux ici et maintenant.

Je commence une nouvelle vie là où je suis.

Je vends beaucoup de livres qui traitent de problèmes actuels.

L'intention de se sentir à l'aise et libre est stimulée par la décision intérieure. La liberté naît de la motivation individuelle et du choix d'être libre sans limites, tout comme nous le sommes par essence. Cela signifie libre de liens et d'enchevêtrements karmiques, libre de contraintes internes et externes, ainsi que de modèles et de modes de conduite dépassés. Il s´agit de cette liberté qui génère de nouvelles perspectives et crée un renouveau fondamental en harmonie avec le bien suprême. Cette liberté que l'on s´approprie est toujours accompagnée d'une responsabilité personnelle. J´entends par là, cette dignité libre et l'obligation de ne faire qu'un avec soi-même : en pleine intégrité et authenticité. La liberté de vivre une vie en harmonie avec son âme. Rester fidèle à soi-même et vivre sans compromis élève le taux énergétique de toute l'humanité. Il s'agit d'une relation très spéciale en cohérence avec sa propre vérité - indépendamment de ce que les autres pensent ou de ce qui leur plaît.

Depuis l'Antiquité, une toile fort étroite étreint l'humanité et l´infiltre si intimement que ses mailles sont difficiles à discerner de sa proie. Ainsi elles semblent accrochées au destin humain de manière invisible, rognant son libre arbitre. « Personne n'est plus esclave que celui qui se considère libre, alors qu´il ne l´est pas », a écrit Goethe.

L'homme essaie encore et encore de capturer et de sauver cette liberté. Il se satisfait rapidement des petites choses au quotidien. Cependant, en se concentrant uniquement sur le microcosme, on perd de vue le macrocosme et leurs interrelations. Car le petit est contenu dans le grand et vice versa.

La liberté ne signifie en aucun cas être dénué de devoir ou de responsabilité, même si elle est n´est pas compatible avec la restrainte. La solidarité volontaire et la loyauté font partie des interactions souveraines entre les peuples. La sincérité intériorisée au service de tous relie les humains entre eux et avec tous les autres êtres du cosmos.

c) Libre arbitre

Le libre arbitre représente l'aspect qui complète des lois cosmiques. Même si le libre arbitre en fait partie il inclut implicitement la liberté d'enfreindre les règles. De la liberté infinie naît le choix de suivre ou non les lois primordiales. Ainsi s'accomplit par leur travers l'exercice le plus élevé de la souveraineté humaine. Sur terre, aucun autre être que l'homme ne possède cette responsabilité personnelle à un grade aussi développé.

Le libre arbitre qui consiste à faire face aux lois universelles et à les intérioriser de plein grès est le plus grand cadeau à l'humanité. Même son plus grand atout. Grâce à lui, il est capable de prendre des décisions et de façonner sa propre évolution. Avec cela, il peut découvrir librement que son plus haut accomplissement réside dans l'harmonie entre son libre arbitre et le bien général le plus élevé.

La correspondance entre les règles du cosmos et la volonté personnelle est véhiculée par la communication interne sous forme d'intuition, de messages venant du corps, d'inspirations, d'émotions et de synchronicités. A nous d'observer et d'enregistrer ces réactions ! Les sentiments et les impressions fournissent des informations fiables sur la correspondance entre notre personnalité et notre chemin d'âme. Plus les sensations sont équilibrées, plus la satisfaction est grande et plus nous vivons en accord avec notre être intérieur. De cette harmonie inhérente coule l'inspiration avec ses incitations et ses solutions, ce qui nous rend à son tour réceptifs à une puissante guidance intérieure.

Le libre arbitre serait donc notre atout le plus précieux ? Pourquoi est-il si peu respecté ? A la fois du peuple lui-même et des nations entre elles ? Notre libre arbitre est-il le grand secret, le calice sacré, auquel chacun aspire ? Ignorant et sans notion de la guidance qui sommeille là en nous sous la forme de la conscience et de la cohérence inhérente. Elle attend d'être activée pour que les humains commencent à briller comme un phare dans l'obscurité.

Le libre arbitre agit comme un lien entre l'âme supérieure et la volonté personnelle. Plus la correspondance entre les deux est développée, plus il y a d'épanouissement à tous les niveaux.

De ce point de vue, cette aspiration est la plus élevée et la plus constante de la vie. La question se pose ici : dans quelle mesure sommes-nous satisfaits de notre existence ? Le degré d'équilibre et la santé agissent comme un miroir de la cohérence entre la volonté personnelle et la volonté supérieure. Le test est on ne peut plus simple et sur mesure. Accessible à tous et à chacun, n'importe quand, n'importe où. Et gratuitement en plus!

Promouvoir la cohérence intérieure entre le libre arbitre et la volonté de l'ego est le premier pas vers l'harmonie avec soi-même. La deuxième étape concerne le libre arbitre de nos semblables. La dignité humaine fait partie des droits internationaux fondamentaux. Cela signifie que le libre arbitre de chaque personne doit être apprécié, respecté et honoré. Il existe au contraire une manière manipulatrice de traiter les autres, désireuse de contrôler, d'influencer et même de les dominer. Souvent sous le couvert de la protection et d´avoir plus d´expertise, se cache l'intention intrusive de s'immiscer et d´administrer la vie d´autrui.

D'un point de vue spirituel, le respect du libre arbitre est hautement significatif. Le non-respect de l'autodétermination de l'autre personne est associé à un fardeau karmique, surtout lorsque le développement de l´individu en est altéré. D'autre part, chaque geste qui améliore ou soutient nos semblables sur leur chemin, va contribuer à l'ordre naturel. Par solidarité ou empathie, les deux existences sont alors entraînées dans la spirale de l'évolution. Bien entendu, recevoir et fournir de l'aide doivent se faire conformément au libre arbitre des deux parties. Ce n'est que dans ces circonstances que tous les participants peuvent en bénéficier.

Le mépris du libre arbitre d'autrui a des conséquences karmiques car il empiète sur les frontières morales de l'autre personne. L'exercice du pouvoir, la coercition, l'extorsion par la peur et les violations disproportionnées des limites des individus, des groupes, des peuples et des nations constituent des crimes graves contre l'humanité.

La gérance à distance moderne de l'homme se passe de manière plutôt subtile et latente par l'information (ou son manque ou sa déformation), la publicité et la censure. La propagande, la manipulation psychologique portent atteinte à la liberté de choix. Et la populace moderne est si heureuse de l'abandonner ou même de la sacrifier ! Selon la devise "cliquez ici" ou "cliquez là", c'est une seule et même chose, déjà décidée pour vous, la fin de l'autodétermination : pratique, gain de temps, flexible jusqu'à l'immoralité. La plupart des gens pensent que c'est génial : « Vous n'avez pas à vous tourmenter avec le choix ! Cliquez, cliquez et le paradis vous tombera du plafond. L'essentiel est que vous n'ayez même pas besoin de réfléchir, de chercher, de remettre en question, d'analyser, de faire preuve d'empathie, de distinguer, de décider et de prendre vos responsabilités. Tout est pensé, fait et approuvé pour vous - gratuitement ! Si vous renoncez à cette étape importante et abandonnez votre pouvoir et votre force, vous négligez une opportunité de croissance importante qui contribue à la maturation de l'âme individuelle ainsi que de l'âme supérieure collective.

Dans ce contexte, l'homme n'a pas suffisamment reconnu et protégé ses droits éthiques et moraux. Il est à la merci d'une puissance étrangère par manque d'estime de soi. Il vend son âme au diable. Pour quelques avantages matériels et éphémères, il sacrifie sa liberté, son libre arbitre et son autodétermination. On va minimiser cette perte. Cependant, ces valeurs représentent notre âme immortelle et font partie des aspects supérieurs que nous devrons confronter dans les incarnations à venir.

d) Discernement et choix

Les choix sont aisés et clairs, si vous vous concentrez sur l'alignement avec votre âme. Votre propre âme - à ce stade, je l'appelle aussi le moi supérieur - fait partie de l'âme du monde. Cette dernière est une collection d'expériences de vies humaines passées, présentes et futures. Par notre orientation consciente nous y contribuons et la « teintons » de notre aspiration visionnaire : ce que nous voulons vraiment vivre individuellement et collectivement. Chaque idée combinée avec les émotions associées compte, que ce soit consciemment ou inconsciemment.

Il est donc essentiel de souligner l'importance de notre libre choix : les limites que nous fixons, les objectifs sur lesquels nous nous concentrons et la manière dont nous nous positionnons. Nous sommes chargés de passer au crible, de peser, d'éliminer, de déblayer, de définir notre énergie, l'information, nos actions, nos modes de vie. Il n'y a qu'une règle et qu'une seule limite : être en accord avec notre guidance supérieure. Sentiments, réactions corporelles, intuition, flux d'énergie, coïncidences reflètent l'accord existant ou non.

Le choix est l'expression de notre liberté intérieure de laisser vagabonder notre regard sur plusieurs possibilités. Il s'agit de notre indépendance de trouver des solutions, de les séparer et de les catégoriser. J'inclus ici également celles qui ne sont qu'envisagées, c'est-à-dire nos aspirations. Nos rêves n'ont pas de limite. Originaires de l'infini, nous avons fait le choix de venir ici sur terre pour y apporter notre contribution. Les possibilités de choix sont toujours plus vastes qu'elles ne nous paraissent. Par conséquent, nous devons nous laisser guider par notre sagesse supérieure.

Le principe de résonance regroupe des vibrations similaires : tout convient et s'assemble pour croître de façon exponentielle. La croissance comprend les améliorations, les adaptations, les raffinements et la différenciation, mais aussi l'expansion et l'enrichissement.

Nous dirigeons consciemment notre attention vers l'existence que nous voulons vivre. Notre gratitude la multiplie. Notre alignement mental et émotionnel est un puissant outil créatif. Ce que nous préférons est intensifié par la force créatrice jusqu'à la manifestation. L'acte créateur de la création et l'acte créateur de l'homme sont identiques. Quel honneur ! Et quel malheur !

Faire un choix n'exclut pas nécessairement d'autres options, car elles continuent d'exister dans l'univers. Mais les humains laissent la lumière de leur conscience se concentrer sur une certaine variable souhaitée. Ils en sont donc le créateur. Cette activité créatrice peut être consciente ou inconsciente, avec ou sans joie, avec ou sans clarté. Nous devons comprendre et intérioriser cela, pour regagner notre pouvoir de générateur cosmique.

Par conséquent, nous sommes tous responsables de prendre soin de notre valeur intrinsèque. Nous sommes plus qu´égaux par le fait que notre valeur est équivalente à la valeur des autres, car chaque pièce du puzzle est indispensable pour accomplir l'ensemble.

Il n'y a qu'une seule solution pour la pièce du puzzle : elle ne s´emboite nulle part ailleurs. Avant de trouver l´endroit qui convient, nous pouvons essayer de nombreuses alternatives. C'est ce que nous faisons lorsque nous nous interrogeons et que nous nous informons auprès de nos semblables ainsi que quand nous recueillons des données pour et contre une certaine thématique. Tout ceci est beau et bien. Mais il n'y a qu'un seul emplacement dans le puzzle qui convienne et qui soit juste et correcte. Lorsque on l´a découvert, on éprouve du calme, du contentement, de l'harmonie ainsi que l´ordre intérieur et l´harmonie autour de nous.

La solution réside donc dans une décision purement individuelle, subjective et égoïste. Si je vis en harmonie, la solution trouvée est non seulement cohérente pour moi, mais elle convient également au bien supérieur. La pièce du puzzle est appropriée - pour tout le monde.

Notre responsabilité fondamentale réside dans la conformité entre la personnalité exécutive et l'âme supérieure. En fait, cette démarche est facile puis elle supprime les arguments inutiles et les interférences dans la vie des autres. Le pouvoir et la domination sont éliminés immédiatement parce que nous sommes les dirigeants de notre propre monde. Autodéterminé. En même temps, nous découvrons la source de la force, de l'inspiration, de la lumière originelle et de l'amour. Nous connecter directement à la source nous redonne liberté et indépendance véritables. On a moins besoin de « choses » externes et la recherche se tourne vers créativité intarissable intérieure. En outre, les solutions et les intuitions qui nous viennent à l'esprit sont d'autant plus cohérentes. Nos relations interhumaines sont plus harmonieuses et épanouissantes, sans concurrence et jeux de pouvoir. Ils n'ont plus aucune justification, car tout se complète comme des pièces d'horlogerie. Tout va comme sur des roulettes. Nous apprécions les talents et les succès des autres, que nous partageons naturellement. Il existe un accord mutuel entre tous ceux concernés qui vise le succès partagé de tous.

Précisément parce que chaque cellule de l'organisme est saine et en harmonie avec sa nature et sa fonction, la force vitale circule abondamment au travers des cellules et l'ensemble prospère. Chaque cellule est responsable de sa fréquence : si elle est élevée et cohérente, elle bénéficie directement de l'harmonie comme tous les autres aspects du puzzle. Cela s'applique à tous les niveaux : dans l'entreprise, dans un corps sain, dans la science, dans nos échanges avec nos semblables et avec d'autres dimensions.

Encore un dernier mot. La poursuite de la résonance avec la source est toujours soutenue par l'existence. La nature est constamment à la recherche de guérison et d'alignement avec le bien suprême. Même si cela ressemble à une "maladie". Les symptômes sont le langage du corps ou les appels à l'aide dans sa recherche d'équilibre. La tâche de maintenir la vie est d'essayer de se stabiliser harmonieusement avec l'essence universelle.

e) Visible et invisible

Dans un monde de conscience expansive, les polarités font partie de l'unité. L'homme connaît ses origines mystiques et invisibles. Elles sont intégrées dans sa vie quotidienne en tant qu'être éternel incarné au niveau de la manifestation. Il est même conscient que sa part spirituelle est plus vaste et plus permanente que son aspect physique éphémère. Les deux se nourrissent et s'enrichissent mutuellement. En outre, ils sont connectés à tous les êtres vivants et participent en grande envergure à l'évolution entière. Qui éprouve le besoin d'être supérieur, meilleur, plus riche dans ces dimensions ? Qui a quelque chose à prouver là ? Comme c'est éphémère ou hors de propos !

Oui, vous êtes invité à assumer un rôle qui sert la totalité : la tâche que vous remplissez, vous rend à son tour complet jusque dans votre intégralité. Vous êtes doué pour cela. Votre talent vous rend heureux, car vous aimez ce que vous savez bien faire. Votre talent aide les autres et les fait avancer sur leur chemin. En outre, votre service aux autres vous aide également à avancer dans votre évolution. Cela fonctionne de manière ingénieuse, où tout se complète dans la satisfaction et l'abondance. L'énergie libre circule. La force vitale coule et tout s'épanouit. Il n´y a pas de manque ou de besoin non satisfait. Nous sommes tous les serviteurs de la grande force vivante qui coule en nous et à travers nous.

Vous jouez votre rôle avec honneur et perfection, tout comme vous honorez et respectez les rôles de vos protagonistes. Les personnages sur scène sont là temporairement. Cependant, ils devraient toujours faire de leur mieux. Car l'instant est aussi au service de l'éternité.

Vous rencontrez votre homologue comme un reflet précieux et égal de vous-même. Donc le respect de son libre arbitre ainsi que de ses limites personnelles va de soi. Même s'il y a peu d´interaction, il existe un respect de base, une empathie et une considération pour cette personne.

Ces qualités ne sont évidentes que lorsque vous avez d´abord rencontré votre être en pleine conscience et avec la connaissance d'un aspect supérieur inhérent. Cette prise de conscience va encore plus loin que de s'aimer ou de s'accepter. Il fait référence à la mémoire de notre véritable essence avant qu'elle ne soit aveuglée, vilipendée et privée de son éternité par les soi-disant dieux.

Et en un instant, l'éternel cocréateur humain a été aveuglé et sa vision du monde remplacée par une myopie crétine. Il tourne en cercle parmi les polarités karmiques, piégé dans les

3 premiers chakras : survie, reproduction et jeux de pouvoir de l'ego. Ses peurs et ses doutes nourrissent les ombres insatiables jusqu'au jour où l'homme soupçonne une lueur d'infini inhérente et ramène à lui sa puissance sans plus jamais craindre la mort qui fait partie de sa vie. Pour ce faire, cependant, il doit être capable d'établir des connexions intelligentes. "Connectez les points" comme le dit David Icke. Son regard s'approfondit et il retrouve sa liberté et sa responsabilité. Le flux de la conscience brille à travers les vieux mensonges et les jeux répétitifs et vains : les modèles et les mécanismes sont reconnus pour ce qu'ils sont. La lumière de la conscience les rend hors de propos et impuissants. La superstition dépassée du pouvoir, de la compétition, de l'oppression et de la soumission est brisée par la lumière de la vérité qui agit comme un laser. Le regard est clair et exempt de peurs et de machinations. Peut-être que l'éclat de rire de la création résonne à travers le cosmos et réveille de nouveaux mondes : « Ça suffit ! L'homme divin est de nouveau né !"

Elle s'est égarée si loin et pendant si longtemps dans une direction infâme que l'humanité est maintenant prête pour des valeurs plus élevées :

Il n'est pas nécessaire d'accoucher dans la douleur. Il est naturel d'accoucher en douceur, de naître dans l'amour et de s'acheminer en conscience vers des plans invisibles en fin d'incarnation.

Les hommes ne sont pas supérieurs aux femmes. L'inverse n'est pas vrai non plus, mais comme tout le reste, la différence est crée pour se compléter à de nombreux niveaux différents.

L'intellect n'est pas meilleur que le corps. Il n'y a pas l'un sans l'autre : l'intelligence des cellules inonde l'être tout entier.

Il n'y a pas de place pour l'envie et la cupidité. Autrement dit l'univers est abondance et chacun obtient son dû, ni plus ni moins, la seule condition étant l´accès à l'être cosmique à l'intérieur.

Cher lecteur de la nouvelle ère : veuillez compléter la liste de votre point de vue ! Merci pour votre contribution aux variables éclairées !

Cependant, revenez à vous-même, car cela commence avec vous et cela se termine avec vous. Le contrôle et les changements de votre existence, vos limites et leurs extensions font partie de votre tâche principale. Imaginez : vous n'avez plus à décider ou à juger les autres parce que vous n'avez de toute façon aucune idée de leur plan de vie, de leur but et de leur leçon de vie dans cette incarnation. Vous allez donc traiter vos propres thèmes, en vous mettant l´accent sur la correspondance entre votre personnalité (le visible en vous) et votre âme ou l'âme supérieure de ce monde. Pas d'interférence, pas de dépassement des limites, pas besoin de diriger et de dominer les autres, aucune manipulation nécessaire. Il est maintenant temps pour chacun d'être responsable de lui-même et autonome. Chacun pour soi et ensemble comme les cellules de la barrière de corail. L'intelligence de l'essaim, la direction supérieure façonnent la plénitude dans une solution supérieure qui surpasse tout ce que l'hémisphère gauche du cerveau peut imaginer. Le tout est plus que les parties. La créativité dessine de nouvelles solutions. Tout devient plus facile. Tout le monde a un accès direct au divin intérieur.

La relation personnelle à la source élimine le vampirisme, le vol et la dépendance. Pourquoi piller la force de vie des autres lorsque vous pouvez recevoir la vitalité, l'imagination, la joie, la nourriture (spirituelle ou matérielle) directement de la source universelle ? Le système mafieux est terminé. Les distorsions perverses qui ne respectent pas l´ordre naturel n´ont plus de place dans ce monde illuminé : la vente de l´air, de la vie, de l'amour, du temps découpé en petites tranches, divisé en unités arbitraires est abolie. Ces obsessions pathologiques sont obsolètes et sans intérêt dès que l´humanité redécouvre son accès inhérent à l'infini et illimité. Il n´est plus nécessaire de s´accrocher à autrui pour s´octroyer quoi que ce soit : l'argent, la force, le travail, le sexe, l'attention, l'amour, la compréhension, le respect, l'admiration, etc. La source illimitée comprend tout. La conscience de ce fait permet une coexistence respectueuse et attentionnée dans une véritable interdépendance entre les humains. Donner et recevoir se complètent et s'équilibrent comme le souffle de la vie. Tout est un inspire et un expire, un éternel échange de fréquences jusqu'aux rayons cosmiques qui nous maintiennent en vie (soleil, lune et planètes).

Cessons d´exiger ou d´ attendre quelque chose des autres : ils ne sont pas responsables de notre bonheur ou de notre malheur. Je prends tout de ce que la vie m´offre.

"Libre parmi les hommes libres" (Bakhounine). C'est ainsi que nous voulons nous rencontrer, pour nous faire des cadeaux et nous compléter, en respectant toujours nos limites et nos différences individuelles. Nous ouvrons les portes de la liberté à nos semblables en nous libérant nous-mêmes des prisons du consensus. La libération par la conscience n'est pas un succès égoïste, mais toujours une joie et une tâche partagées à travers les champs morphogénétiques qui nous relient les uns aux autres dans l´espace-temps ainsi qu´au-delà de l'espace et du temps entre les incarnations.

f) La recherche constante de l'équilibre

Une frontière peut aussi servir de démarcation entre « trop peu » et « trop abondant », entre le déficit et l'offre excédentaire. En ce sens, nous trouvons l'équilibre et l'harmonie au-delà des excès. En observant le principe simple d´éviter les extrêmes, il est surprenant de constater avec quelle aise l´harmonie peut s´installer dans le quotidien. La vie sur terre inclut constamment les deux aspects polaires de quelque sujet que ce soit. C´est ce qui permet de faire un choix et ce qui nous offre la possibilité et la chance de prendre une décision. Ainsi nous choisissons de porter attention et concentration, puissance mentale et charge émotionnelle vers la solution ou la possibilité sélectionnée comme souhaitable. L´existence agit comme un miroir et nous fournit des informations sous la forme d'événements qui génèrent des réactions émotionnelles en nous. Si la décision est en accord avec l´âme, le retour est harmonieux et sert de confirmation sous forme de cohérence et de synchronicité du moment. Si le flux des émotions est entravé, il peut être judicieux d'ajuster la décision ou de la réviser entièrement. Plus notre concept ou notre vision sont clairs, plus notre communication avec la vie se développe de façon fluide et remplie de sens. Si les contours de l'aura sont flous, l'esprit est confus et l'état émotionnel incohérent. En outre, la personne entière va manquer de clarté dans son échange avec les plans intérieurs et, par conséquent dans son style de vie. La plupart du temps, elle a renoncé à son autodétermination depuis longtemps : la conséquence est qu´elle ne fait pas usage de son libre arbitre et qu´elle se laisse mener par le bout du nez. Elle stagne dans un état cognitif immature et « espère » que tout ira bien - comme si la vie en général et sa vie en particulier n´avaient rien à voir avec elle. Ainsi, elle flotte dans un univers non spécifique : sa fréquence est basse et se dissout dans une mer d'impuissance, d'indécision, d'irresponsabilité, ne sachant pas, ne pouvant pas, sans oser faire autre chose que de suivre et d´exécuter ce qu´on lui dicte de faire. Ainsi, on mène une vie qui végète loin de l'essence de l´élan vital. Ce sont les gens qui ont peur de la vie. En effet, la vie est dangereuse : personne n´en sort vivant.

C'est le statu quo de beaucoup d´humains. De plus en plus nombreux sont ceux qui, cependant, font l'expérience d'une ouverture dans laquelle ils s'identifient graduellement à leur âme éternelle. La guidance intérieure se révèle et le dialogue avec la sagesse supérieure devient plus individuel et fiable. A un moment donné, chacun à son rythme, l'étincelle de l'éveil surgit. Le processus d'individuation prend forme. De plus en plus d'aspects biographiques sont illuminés de sagesse et de justesse. L'être humain se différencie graduellement et vit davantage en harmonie avec son âme. Ainsi, il est capable de devenir un cocréateur conscient au lieu d'être simplement là « pour faire des expériences ».

Avec chaque pensée et chaque sentiment, l'homme contribue à l'âme du monde dans un processus d'expansion de conscience accéléré. Plus sa vibration est élevée et raffinée, plus sa contribution bénéficie à l'ensemble de manière spécifique et intense. Ensuite, il y a le processus d'accord et d'alignement qui rapproche les protagonistes par le principe de résonance. Plus la mission est individuelle, plus elle sert l'humanité, plus elle est influente et significative pour l'ensemble. Et puis la magie opère : chaque pièce du puzzle attire d'autres « pièces de puzzle » ou âmes complémentaires. Et de manière supra-personnelle, chaque âme trouve sa place dans la tapisserie de vie pour enfin redessiner et reconstruire le grand tableau.

g) Évolution et révolution

Ce qui y est décrit au-dessus fait partie du processus évolutif. C'est le concept qui stimule l'éveil actif de l'intérieur. Chaque âme, chaque graine se déploie à son propre rythme. C'est pourquoi l'évolution a tendance à être sous-estimée, car les changements s'opèrent (pendant un certain temps) de manière presque invisible. Au moins au début, plus tard ils sont plus concentrés et surtout plus ancrés, car leur transformation est stable et cumulative. La démarcation devient plus claire : les gens savent de plus en plus qui ils sont dans leur essence et s'identifient avec leur être véritable.

A titre de comparaison, nous considérons la révolution par opposition à l'évolution. La révolution est provoquée de l'extérieur et les changements sont initiés rapidement et parfois brutalement. La coercition et la destruction en font partie. L'initiative vient de l'extérieur et surprend les masses. Le principe transformateur est yang et il croit savoir ce qui est bon pour tous et promet le bonheur à tous.

Le principe de l'évolution, d'autre part, est yin : les processus ont lieu à l'intérieur. L'éveil individuel se passe sur mesure pour chacun, car il est conçu par l'individu lui-même. Cependant, chaque étape correspond aux lignes de développement de la conscience qui se déploie. L'évolution ressemble plutôt à la métamorphose du papillon. L'être tout entier est impliqué et autodéterminé. Donner naissance à soi-même peut être difficile mais jamais aussi brutale que la destruction qui vise l'extermination des adversaires. L'objectif principal de sa propre naissance est d'élargir et de renouveler ses capacités, pas de décliner. Ce processus relativement lent passe par les émotions et l'intelligence du cœur, à travers l'aspect pensée-ressenti de l'être humain en accord avec la nouvelle ère de l'humanisme, la communication du cœur, la guérison universelle et le développement de capacités humaines inhérentes supérieures (télépathie, perception des yeux bandés, vérité individuelle, guérison universelle et créativité inspirée plus de nombreuses capacités paranormales). Cela affecte tous les domaines de la vie sur terre et au-delà. Ainsi, le rayonnement de la lumière sur la planète et l'augmentation des vibrations sont incomparables. En même temps, la maturation de la conscience est intériorisée et se déroule secrètement pendant un certain temps, durant lequel elle peut être sous-estimée, jusqu'à ce que la « grossesse » ne puisse plus être cachée. Alors ceux qui ne sont pas prêts et pas au courant sont étonnés. Les autres attendent avec impatience l'unité retrouvée et l'harmonie de la créativité annonciatrice du nouveau matin : à partir d'aujourd'hui, nous faisons tout différemment, à savoir en harmonie avec notre âme individuelle et en résonance avec l'âme supérieure du monde.

h) Considération finale

Le paradoxe humain réside dans l'aspect polaire de sa nature : infinie, illimitée, spirituelle autant que physique, matérielle, éphémère et délimitée dans le temps et l'espace. La qualité polaire au sein de son unité l'élève au-dessus de ses limites terrestres. C'est en fait son potentiel pour une immense expansion de conscience, dans la mesure où il est prêt à prendre sa vraie taille : non, aucune raison de gonfler son égo, ni de se prendre pour le couronnement de la création. Le chemin passe par l'introspection dans la perception de son essence. Pour ce faire, il faut ouvrir les yeux de l'âme et arrêter de se laisser mener par le nez et d'être constamment distrait de l'essentiel.

D'un point de vue énergétique, les limites de l'aura spongieuses nuisent à la protection naturelle de l'unité individuelle à tous les niveaux. L'être humain est influençable et laisse tout pénétrer dans son enceinte énergétique sans laisser prévaloir sa responsabilité et sa capacité à se différencier. Quel est ce genre de personne ? Elle a tendance à être crédule, incapable de séparer la vérité de la superstition et de l'insensé, elle est confuse et peu sûr d'elle. Elle se sent mal à l'aise dans son corps, en conflit avec son âme et en dissidence avec son esprit.

Une démarcation saine aurique ne crée pas un obstacle, mais établit plutôt des limites claires grâce à l'identification avec l'aspect éternel et par l'intention d'une interaction équilibrée avec les personnes concernées et avec la société. Des délimitations équilibrées exigent des réflexions mûres pour faire face à soi-même, à autrui et au monde. Les connexions et les échanges sont caractérisés par le respect, la pleine conscience, la considération et la joie dans l'enrichissement de l'altérité.

Et surtout je sais ce que je veux et ce qui est bon, édifiant, sain, gratifiant, agréable, intéressant et véridique pour moi. Parce que je suis l'expert parfait pour moi-même.

Des limites saines définissent et établissent la manière avec laquelle je veux être traité et comment je traite les autres. Une démarcation équilibrée signifie une unité authentique et prête à l'ouverture de la conscience et à la réceptivité de l'empathie.

Proximité, distance et protection restent souples mais toujours en accord avec la propre essence divine intérieure. La perception claire de la distance personnelle de mon homologue et le respect de son libre arbitre sont fondamentaux. Il s'agit de laisser quelqu'un tranquille au lieu de « vouloir le sauver ». Je propose que chacun se sauve soi-même et commence à exercer son propre pouvoir et sa force afin d'entrer enfin dans la phase d'autonomisation.

Séminaire de deux jours : une démarcation saine

Ce sujet brûlant est conçu de manière ludique et proactive afin que nous découvrions nos propres besoins. C'est qu'ainsi que nous pourrons tracer et maintenir des limites saines.

Comme toujours dans mes séminaires, vous ferez l'expérience d'un mélange passionnant entre la pratique et la théorie, la connaissance et les niveaux de vibration énergétiques, internes et externes, ainsi que leur résonance et leur connexion.

JOUR 1 :

Définitions et orientations personnelles.

Trouver son essence et se connecter avec elle pour ressentir ses limites intérieures et définir ses limites extérieures. Établir le contact avec son être essentiel.

Démarcation : un problème particulièrement féminin ?

L'État envahissant et la guidance intérieure

Le choix, la préférence. Les processus de différenciation, da décision et d'élimination

Classer les nouvelles limites

Apprendre à dire NON

Le principe saturnien

Exercices énergétiques

Jouer avec les vocables

Protection saine de l'aura : théorie et exercices

Utilisation spécifique des pierres semi-précieuses dans la délimitation

Limites auto-imposées : expérimentez la vraie liberté

Jour 2 :

Délimitation dans le cadre familial

Limites saines et enseignement des chakras

Harmonisation et soins des limites démarcations bafouées : des soins pratiques à faire soi-même

Limites et responsabilisation : "Récupérez votre pouvoir"

Des essences huiles essentielles qui renforcent une démarcation saine.

Théorie des couleurs et limites

Outils spéciaux pour la protection contre les rayonnements électromagnétiques et autres influences

Thèmes particuliers : minimisation, narcissisme, gaslighting et « ne pas prendre les gens au sérieux »

Penser et ressentir comme rétroaction

Penser et ressentir comme outil visionnaire

Exercices pratiques pour mettre fin au rôle de victime

Lecture recommandée : Daniele Ganzer « Propagande. Comment nos pensées et nos sentiments sont dirigés »

Vous pouvez retrouver l'actualité sur mon site. Si vous êtes intéressé, vous pouvez me contacter et me proposer des thèmes de séminaires individuels :

aureliennedauguet.com

Bibliographie

Aurélienne Dauguet

**Reiseführer zu deinen kosmischen
Energien - Aura Entdeckung
(Le guide de vos énergies cosmiques
(Découverte de l'aura)**
Uniquement publié en langue
allemande.
ISBN 978-3-944700-02-1 (livre de poche)
ISBN 978-3-944700-12-0 (livre électronique

Tout ce qui vit, possède une aura.

Percevoir les énergies et les énergies subtiles, fait partie des talents naturels des êtres vivants. La redécouverte ouvre une nouvelle vision de la vie quotidienne et élargis les horizons spirituels.

Le livre "Guide de voyage de vos énergies cosmiques – La Découverte de l´Aura" invite le lecteur à entreprendre un voyage de découverte dans les différents niveaux et dimensions de l'aura humaine.

Il contient des traités théoriques sur les différentes couches de l'aura, tels que le corps éthérique, le corps émotionnel ou le corps mental, ainsi que des exercices énergétiques pour la pratique des soins de l'aura.

Finalement, le livre devient un guide pour le lecteur.

Aurélienne Dauguet

AURATHERAPIE für ÄRZTE, THERAPEUTEN und interessierte LAIEN (AURATHERAPIE)
(Pour les MÉDECINS, THÉRAPEUTES et les laïcs intéressés)
Uniquement publié en langue allemande.
ISBN 978-3-96051-055-0 (livre de poche)
ISBN 978-3-96051-056-7 (relié)
ISBN 978-3-96051-057-4 (livre électronique)

Ce livre se compose de deux parties:

Dans le manuel, l'accent est mis sur le fond théorique, sur l'aura ainsi que sur les différentes couches subtiles. Des approches énergiques de l'anatomie subtile sont envisagées. Les différentes pathologies de l'aura et leur redressement sont discutés en détail. L'accès clairvoyant au passé et à l'avenir, aux expériences incarnationnelles, aux soins prophylactiques de l'aura et à la chirurgie du champs aurique sont présentés et intégrés au cadre thérapeutique.

La partie pratique contient des exercices qui forment les perceptions subtiles du thérapeute grâce à des techniques qui maintiennent, protègent, clarifient, harmonisent et traitent l'aura dans ses dimensions variées. Elle contient également des témoignages qui soutiennent la théorie et la mise en œuvre de l'aurathérapie, ainsi que les inventions de l'auteur.

Aurélienne Dauguet

**NOURRITURE LUMINEUSE
MA NOUVELLE VIE AVEC LE
PRANISME**
ISBN: 978-3-944700-07-6
(livre de poche)
ISBN: 978-3-944700-67-0
(livre électronique)

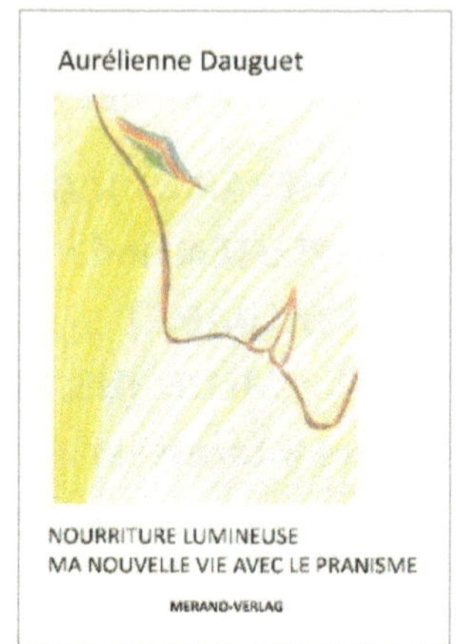

C'est le rapport sur le processus alimentaire à partir de la Lumière de l'auteure. Elle nous confie comment elle a réussi à passer de la nourriture « normale » à la nourriture basée sur les photons. Nous l´ accompagnons pendant la première année de sa nouvelle vie avec la nourriture de Lumière.

Cette description est authentique, terre-à-terre, claire et simple.

Le but de cette contribution est de faciliter la compréhension et l'accès spirituel à la nourriture pranique de façon humaine et réaliste.

Je ne pousse et je n´encourage personne à me suivre. Ce processus est purement interne : il ne peut être que l´ appel de l'âme. Ici, il n'y a rien à prouver et il n´y a personne à convaincre.

Pour l'auteure, la décision de se nourrir de Prana a été l'une des plus importantes de sa vie, tout en gardant la liberté d'arrêter la nourriture lumineuse à tout moment ou de la poursuivre à son gré.

Auréllienne Dauguet

L'Illusionniste

ou

d'aimer et de mourir

ISBN: 978-3-944700-20-5

(Livre de poche)

ISBN: 978-3-944700-50-2

(livre électronique)

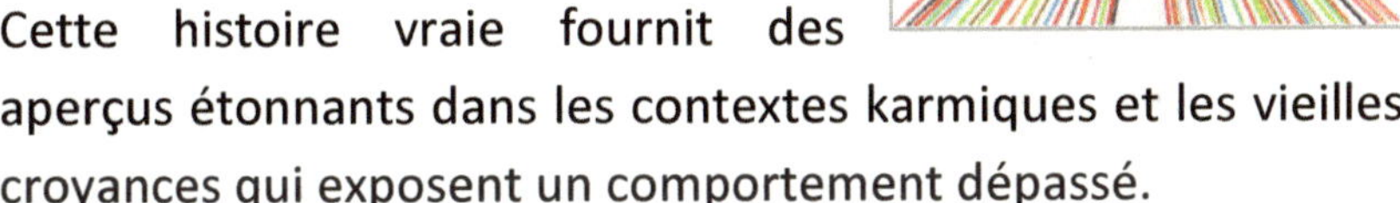

Cette histoire vraie fournit des aperçus étonnants dans les contextes karmiques et les vieilles croyances qui exposent un comportement dépassé.

Sur le chemin de la Normandie pour des conversations spirituelles avec un auteur respecté, des connexions de plus en plus inattendues se révèlent.

Comme au travers d'un kaléidoscope, divers destins se déroulent de l'Egypte antique à une promesse libératrice future et lumineuse. Au fur et à mesure, des états inacceptables et des modèles relationnels sont découverts et confrontés, afin de les transformer et les guérir sous le projecteur de la conscience.

Déflexions et des capacités spirituelles sous-tendent chaque jour de votre séjour dans le nord de la France, en Normandie. Les principes éternels se démarquent du récit divertissant et nous offre une compréhension plus profonde de notre propre vie, ce qui inclut le processus de la mort et de l´ amour.

Aurélienne Dauguet

CRÉER UNE NOUVELLE IMAGE DE SOI

ISBN 978-3-944700-14-4
(Livre de poche)
ISBN 978-3-944700-44-1
(livre électronique)

Suis-je telle que je suis et que j´ai toujours été, tel quel sans rien à changer ? Ou suis-je bien là sur terre pour découvrir, explorer, développer et m´exprimer moi-même et mon être ? Ou suis-je incarnée ici pour affiner et ennoblir ma personnalité et la relier en harmonie avec mon essence ?

Autodéterminée et authentique, je progresse à travers le monde en me souvenant de mon étincelle divine inhérente. En tant que créatrice et en accord avec mon moi supérieur, je vis mes aspects éternels et multidimensionnels dans la vie de tous les jours.

Ce travail d'accompagnement à la connaissance de soi jette une lumière transformatrice sur l'être humain en tant qu'être spirituel au cœur du bouleversement et de la percée actuels. La métamorphose bat son plein. La nécessité et la responsabilité de créer une image différente de l'homme sont entre les mains de chaque individu. Une nouvelle image de soi pour chacun contribue à créer directement une identité différenciée pour toute l'humanité.

A propos de l'auteur

Aurélienne Dauguet (née en 1953 à Paris) a une capacité de perception subtile prononcée depuis sa jeunesse Initialement infirmière (plus formation en psychiatrie), elle est aujourd'hui maître de conférence dans la plus grande école de naturopathie en Allemagne et en Suisse pour l'aurathérapie, la radionique subtile, le processus de la mort d'un point de vue holistique, la guérison spirituelle, etc.

L'offre d'enseignement actuelle est disponible auprès des écoles Paracelse (en allemand).

Formation continue : lithothérapie, aurathérapie, aromathérapie, radiesthésie, essences de fleurs et de pierres précieuses, radionique subtile (sans appareil). Diplômede "Radionic Practitioner" selon la "British Radionic Association" et avec David Tansley, formation Aura Soma avec Vicky Wall. Aurélienne Dauguet était une des toutes première enseignante d'Aura Soma.

L'enseignement et les séminaires sur le thème de l'aura ont lieu dans toute l'Europe.

Depuis une trentaine d'années, elle propose lecture et purufication de l'aura, écriture automatique, séances individuelles, cours particuliers et soutien à distance en allemand, anglais et français aussi par zoom que par téléphone.

Si vous êtes intéressé, voir les coordonnées.

Contact :
Aurélienne Dauguet
Schiessgrabenstrasse 28
86150 Augsbourg
Tél: 0049-8214 / 5407744
SITE INTERNET : aureliennedauguet.com